평강 코치와 온달 상무

평강 코치와 온달 상무

초판 1쇄 인쇄일 | 2011년 12월 10일
초판 1쇄 발행일 | 2011년 12월 15일

지은이　　홍광수
펴낸이　　하태복

펴낸곳　　이가서
주소　　　서울특별시 영등포구 양평동 2가 37-2번지 양평빌딩 406호
전화 · 팩스　02-336-3502~3 02-336-3009
홈페이지　www.leegaseo.com
등록번호　제10-2539호

ISBN　　　978-89-5864-296-1　　13320

가격은 뒤표지에 있습니다.
잘못된 책은 바꾸어 드립니다.

평강 코치와 온달 상무

홍광수 지음

어릴 적 벌겋게 부어 오른 어머니의 다리에 찬 물수건을 올려놓고 다리를 주무르며 '왜 세상에는 이렇게 아픈 것이 있을까? 모두가 아프지 않고 건강하게 살 수 있다면 얼마나 좋을까?' 하고 생각했다. 아픈 사람들을 위해 의대를 꿈꿨다가 신학을 선택한 후에는 세상의 아픔이 보였고, 나이 먹어 마음의 성향을 공부한 뒤에는 사람 마음의 아픔이 보였다.

이 세상에는 아픔을 치료해 주는 곳도 많고 그런 데 관심 있는 사람도 많다. 그러나 정작 마음이나 몸이나 아픔이란 것은 그렇게 쉽사리 치료되지 않는다. 그것을 치료하려면 정보와 기술이 필요하다. 치료할 능력이 없는 사람들은 그냥 아프게 살다가 회한을 품은 채로 세상을 떠난다.

이 책은 인간의 행복과 건강을 추구하고 싶은 코치의 마음으로 쓰인 하나의 가상 스토리텔링 자기계발서이다.

'생각은 실재하는 현실'이라는 말은 꿈을 가진 이들뿐 아니라 우리 모두에게 통용되는 분명한 현실인데 사람들은 원하지 않는 생각으로 몸과 마음을 괴롭힌다.

'원하는 생각을 하라.'

전국을 돌며 무수한 분들에게 강의한 나의 소박한 신념이다. 나는 이렇게 원한다. 언젠간 이 세상에 미움과 다툼이 사라지고 서로 사랑하며 평화롭게 사는 세상이 올 것이라고, 언젠가 우리 어머니처럼 일생동안 아픈 분들이 없이 누구나 건강하게 하고 싶은 일을 마음껏 하며 살아갈 수 있는 세상이 올 것이라고. 그러한 바람이 이 책을 쓰게 했다.

신과 우주의 본질은 사랑이다. 사랑은 우리가 이 세상을 행복하게 살도록 돕는다. 우리 몸의 본질은 물이다. 물은 우리의 생명이고 사랑이다. 실제로 물에 '사랑합니다'라고 말을 하고 몸에 오링테스트를 해보면 엄청난 피워를 느끼게 되고, '싫어요' 하고 오링테스트를 해보면 인체의 에너지가 소멸되어 힘이 풀리는 것을 볼 수 있다. 마음이 변한 것이 아니라 물이 변한 것이다. 마음은 내 안에 사랑으로도 미움으로도 존재하기 때문이다. 물이 변한다는 것은 우주 만물도 우리의 생각과 언어에 따라 변한다는 것을 증명한다. '사랑합니다'라는 말 한 마디가 자신의 몸을 건강하게 할 수 있는 것은 우리의 몸도 물이기 때문이다. 사람의 출생지도 엄마의 양수 속이고 실제로 우리 몸도 70%가 넘게 물로 구성되어 있다. 마시는 물이 우리의 생각과 말을 듣고 변한다면 인체의 물도 우리의 생각과 말에 반응할 수 있다. 건강의 비밀은 여기에 있다. 자기 몸을 사랑하는 것. 내 몸을 먼저 사랑해야 타인의 몸도 사랑할 수 있다. 남의 몸을 쉽게 학대하거나 상하게 하는 것은 먼저 자기의 몸을 가벼이 여기기 때문이다.

몸과 마음의 무수한 아픔들도 '사랑합니다'라는 말 한 마디에 변하고 치유될 수 있다. 생각을 바꾸기 힘들다면 먼저 말이라도 해보자.

"사랑합니다."

이 한 마디 말이 이 책을 쓰게 한 시작이고 끝이다.

감사의 말

지극히 부족하고 부정적인 사람이었는데, 오랜 공부 끝에 긍정과 사랑의 마음을 깨닫게 해주신 하나님께 감사드립니다.

많은 시청자에게 감사와 사랑의 운동을 열어준 KBS 〈아침마당〉 팀과 EBS 〈60분 부모〉 팀, 그리고 갈등부부를 코칭하며 가정에 새로운 희망의 불씨를 지피도록 도운 SBS 〈미워도 다시 한 번〉 팀의 작가와 PD분들께 감사를 드립니다.

또한 오늘 여기까지 저에게 코칭의 지혜와 가르침을 주신 이시아코치센터의 소중한 친구 정진우 박사께 감사드립니다. 성 박사는 오랜 친구이며, 스승이며, 세상을 변화시킬 동료입니다. 함께 공부하고 깨우쳐 온 우리 DISC 연구원 모든 분께 감사를 드립니다. 특히 편하게 글을 쓸 수 있도록 연구소의 오태건 이

사가 많은 도움을 주셨습니다.

시 단위로 대중강의를 많이 열어준 '한국자치발전연구회'에 감사드립니다. 이분들 덕에 대중들에게 사랑을 전파할 수 있었습니다. 이 책을 출간하기까지 기독교서회의 김계원 국장님의 숨은 공이 많았으며, 이가서의 하태복 사장님께서는 흔쾌히 출간을 수락하셨습니다. 교정과 교열에 애쓰신 제작진들에게 진심으로 감사를 드립니다.

무엇보다도 책의 내용에 등장하는 봉평에 실제 인물이 많습니다. 신광상회의 조재현, 이정희 부부께서 20년가량 크고 작은 사랑을 베푸셨고, 오랜 꿈을 같이 꾸고 있는 절친 조보연 사장께 감사를 드립니다. 조 사장께서는 글을 쓸 수 있도록 봉평에 작은 모옥을 마련해주셨고, 훗날 노인들이 아프지 않고 공기 좋은 봉평에 오셔서 사시도록 큰 집을 많이 짓는 꿈을 꾸는 분입니다. 봉평은 이효석의 고향이지만 제게도 제2의 고향입니다. 이곳에서 저와 가족이 꿈만 같은 세월을 10년 넘게 보냈습니다. 해맑은 공기와 청량한 하늘, 푸르른 숲과 시원한 흥정계곡과 아름다운 금당계곡은 모든 사람이 살고 싶어 하는 멋과 맛이 있는 땅입니다. 봉평에서 이 글을 쓰면서 행복했습니다. 모델이 되어준 사랑하는 많은 분에게 지면을 빌어 진심으로 감사드립니다.

그리고 무엇보다도 강의 때문에 외지를 다녀야 하고 그나마 남은 시간은 글 쓰고 공부한다고 봉평에 거하는데도 항상 기를 세워준 아내와 세 자녀들에게 남편, 아빠 노릇 많이 못한 미안한 마음을 전합니다. 이른 새벽부터 쉬는 날 없이 자식 위해 기도하시는 사랑하는 나의 어머니와 아버지께 이 책을 드립니다.

- 봉평 태기산에서

차례

· 머리말 4

· 감사의 말 7

· 프롤로그 13

· 슬픈 평강 14

· 빛나는 존재 19

· 바보 대리 온달 25

· 평강 26

· 마음, 과거의 빛과 그림자 36

· 마음의 눈으로 보는 코칭 41

· 사랑의 힘, 감사하는 마음 44

· 자연의 빛과 생명 48

· 완벽한 우주 53

· 용서와 소주천행공 54

· 관찰의 힘 56

· 잡념제거 센터링 59

· 퇴출당한 온달 69

· 온달과의 첫 만남 72

· 본성에 집중하라 73

· 코치 마인드 75

· 사고장 요법 마인드 힐링 77

· 코칭 시작 83

· 긍정의 의도를 들어라 85

· 무기력 반응점 89

· 꿈 찾기 코칭 92

· 온달의 긍정 자원 발견 96

· 감정 코칭   100

· 호흡으로 마음의 균형 잡기   112

· 부정적 자아를 끄집어내라   115

· 두드려서 감정을 날려라   118

· EMDR, 안구 굴리기 요법   120

· 좌우뇌 균형 잡기   123

· 감성코칭, 행복회로 만들기   125

· 고구그룹 평원 회장   127

· 온달의 의식 코칭   128

· 의식 코칭   131

· 의식의 8단계   134

· 온달의 자기긍정   142

· 온달의 장점   143

· 존재가 만들어가는 꿈들   147

· 긍정 정보로 앵커링하기   153

· 센터링   160

· 에너지 통합 코칭   176

· 트라우마 치료   180

· 의식의 통합   184

· 꿈의 실현   190

· 세계의 평화를 위한 연구 시작   194

· 에필로그   206

· 부록   210

프롤로그

온 세상이 떠들썩하다. 지구의 잔칫날이다. 여기는 유엔본부. 검정 턱시도를 입은 선한 얼굴의 신랑이 단정히 서서 신부를 기다리고 있다. '신부 입장' 소리와 함께 선녀처럼 눈부신 신부가 천천히 입장한다. 함박웃음이 가득한 얼굴로 신랑은 신부를 맞는다. 반기문 유엔사무총장이 주례로 섰고, 프라시도 도밍고와 조수미가 축가를 맡아 축복의 이중창을 한다. 신랑, 신부 이 두 사람의 노력으로 내전이 끝나고 에이즈가 퇴치된 아프리카 탄자니아의 3천 명 어린이가 특별비행기 편으로 초청되어 결혼식이 열리는 뉴욕의 센트럴파크에서 흥겨운 마사이댄싱을 벌이고 있나. 이들과 함께 화려한 망토를 걸친 100만 축하객이 함께 마사이점프를 하고 있다. 하늘엔 비행기가 오색찬란한 연기를 수놓으며 축하 에어쇼를 펼쳤고, 지구상의 모든 국가는 이날을 임시 공휴일로 지정했다. 세계의 모든 텔레비전이 이 결혼식을 생중계하고 모든 인류가 일손을 놓고 텔레비전을 시청하고 있다.

인류에 전쟁과 기근, 질병과 미움을 사라지게 하고 사랑 가득한 세상을 만든 두 남녀가 이 결혼식의 주인공이다.

·

슬픈 평강

여섯 살 평강은 명랑하다. 얌전해야 할 식사자리에서 소파 위를 뛰어다닌다. 아무리 타일러도 소용이 없다. 급기야 야단을 칠 때는 미모사 꽃 이파리처럼 수그러들지만 그도 잠시뿐 아이는 늘 그렇게 공기처럼 가볍다. 놀랍게도 이 어린 소녀가 뛰어노는 공간엔 무지갯빛이 일고 대기는 숲속의 청량함을 뿜어낸다. 신나는 놀이엔 세상의 아픔들을 감싸주는 사랑의 파장이 동그랗게 물결무늬처럼 퍼져나간다. 아이들의 놀이를 바라보면 유쾌해진다. 그렇지만 일상에 지쳐 있는 대부분의 어른들은 아이들이 뛰노는 공간 밖에서 소음과 먼지만 걱정한다.

평강은 학교에 들어가기 전까지 아랫동네 시장골목의 아이들과 같이 말괄량이 삐삐처럼 뛰어 놀았다. 그러던 어느 날이었다. 평강이 초등학교 3학년에 올라 갈 즈음 엄마는 오랜 지병을 앓다가 세상을 떠났다. 평강에게 모든 사랑을 나눠주던 엄마가 세상을 떠나자 평강은 전혀 다른 삶을 살게 되었다. 평강의 아버지, 고구그룹의 회장 평원은 강인하고 철두철미한 사람이었다. 그는 자신의 부친이 실패한 사업을 다시 일으켜 국내 서열 2위의 기업을 만들었다. 그는 아내가 세상을 떠나자 하나밖에 없는 딸 평강을 강하게 키우자고 마음먹었다. 자신이 이룬 모든 성공을 이어가려면 결국 믿을 것은 혈육밖에 없다는 생각에서였다. 여기서 평강의 봄날 나비처럼 천진난만한 모습은 그만 자취를 감추고 말았다. 대신 그 자리를 아버지의 바람으로 채워야 했다. 아버지가 좋아하는 말을 하고 아버지가 원하는 것을 하며, 아버지의 뜻대로 행동했다. 말하자면 초등학교 3학년 학기 초부터 시작된 고구그룹 후계자 수업이었다. 커갈수록 얼굴도 엄마를 빼어 닮아 흠잡을 데 없이 아름다웠다. 미모와 함께 영민하고 조신하게 변해가는 아이 평강. 아버지 평원은 이런 딸아이를 흡족해했다. 만나는 사람마다 그룹 후계자 언급은 자연스럽고 당연할 터였다. 사람들도 그것을 인정했다.

그러나 숭학교에 입학한 후부터 평강의 모습은 밤과 낮, 빛과 그림자처럼 달라졌다. 사람들을 만나거나 아버지 앞에서는 예의 바른 소녀였고 착한 딸이었지만, 혼자 있을 때는 자신의 방문을 걸어 잠그고 책상 밑에 쪼그려 앉아 오래도록 울었다.

'어른들이 칭찬해도 왜 하나도 기쁘지 않은 걸까? 아직도 아래 시장 동네 애들하고 놀고 싶고 아무 생각 없이 장난치고 싶은데 아버지가 무서워서 난 그렇게 못해. 엄마가 살아계셨다면 다 챙겨주셨을 텐데, 난 지금 너무 힘들고 무서워.'

장마철 검은 구름 몰려오듯 평강의 마음은 더욱 어두워져갔고 즐거운 일은 아무것도 없었다. 하지만 다음날 아침 일찍 눈을 뜨면 평강은 아무 일도 없었다는 듯이 하루 일과를 다시 시작했다.

평원 회장의 고구그룹은 전자, 화학, 통신, 유통 분야에서 대한민국 1, 2위를 다투는 대기업이다. 평강의 아버지 평원 회장은 자신의 딸이 회사의 미래를 책임지고 모든 것을 이어받을 후계자가 되길 원했다. 그는 딸이 경영학을 공부하고 실무경험을 쌓아 그룹의 훌륭한 리더가 되길 원했다.

평강이 고등학교 3학년 무렵이었다. 그때 평강은 코치 생활을 하고 있는 사촌 언니 윤영과 자주 만나곤 했다. 윤영 언니는 코칭에 미쳐 있는 사람 같았다. 만날 때마다 입만 열면 코칭 이야기였다. 실제로 그녀는 만나는 사람마다 그 사람의 탁월한 내면을 일깨워주고, 아픈 마음을 치유하며, 행복으로 이끌어주는 행복 도우미로 살아가고 있었다. 그전에는 까탈진데다 신경질적이어서 남의 이야기는 듣지 않고 자기 이야기만 하던 고집쟁이 언니였다. 그런 언니가 아주 평온한 얼굴을 하고 나타날 때마다 평강은 신기하기만 했다. 언니가 자신을 향해서 말해주는 한 마디가 어쩌면 그렇게 자기 마음을 정확히 이해하고 있는지, 그리고 언니 스스로 마음을 먼저 열고 자기 내면의 새로운 모습을 보여줄 때마다 그저 놀라울 뿐이었다. 그럴 때마다 평강은 언니는 행복하고 자신은 불행한 사람이라는 생각이 들었다. 그러던 어느 날이었다.

"너, 우리 〈원더풀 라이프 연구소〉의 '월요 코칭강좌'에 한번 가보지 않을래? 이번 주에 내 멘토이자 스승이신 권민수 박사께서 강의하셔!"

평강은 딱히 할 일도 없는 터라 같이 가겠다고 했다.

크지 않은 강의실에는 코칭을 배우려는 사람들이 가득했다. 요영은 평강을 데리고 가장 앞쪽 사리로 가 앉았다. 그날 나온 상사는 우리나라에서 의식코칭 분야의 최고 전문가인 권민수 박사였다. 권 박사는 지극히 평범한 단어들을 사용해 강의를 듣는 사람들이 스스로 자기의 의식을 바라보고 더 큰 생각을 하도록 해주는 달인 같다는 느낌이 들었다. 그러던 중 권 박사는 자신의 강의에 몰입하고 있는 한 여학생을 보았다. 권 박사가 평강에게 다가오자 평강은 갑자기 숨이 멎을 듯한 어떤 중압감을 느꼈다. 권 박사가 평온한 미소를 지으며 물었다.

"비 오는 날 비행기 타 봤어요?"

"네? 비행기요? 비 오는 날이요? 네, 타본 적 있어요! 엄마하고 캐나다에 갈 때 타봤어요!"

강의실에 모여 있던 사람들은 평강의 당황스럽고도 순진한 대답 때문인지 '와' 하고 웃었다. 평강은 자신이 경험해 보지 못한 질문에 자신의 대답이 아주 낯설게 느껴졌다. 권 박사의 질문이 이어진다.

"이렇게 비가 오는 날 비행기가 뜰 수 있을까, 사람들은 걱정하죠?"

"네."

평강은 얼떨결에 대답했다.

"비행기가 하늘을 날기 시작하면 금방 고도를 높여 시커먼 비구름을 뚫고 올라가죠?"

"네."

평강은 딱히 자기에게 묻는 질문이 아닌데도 열심히 대답을 한다.

"그 하늘엔 비가 오던가요?"

“아니요!”

“거기엔 무엇이 있나요?”

“맑은 하늘이요!”

“맑은 하늘은 어떤가요?”

“밝게 빛나며, 환하고 어떤 어둠도 없어요.”

권민수 박사는 평강의 대답에 미소 띤 얼굴로 말한다.

“매일같이 힘들고 어렵게 살아가는 우리 자신의 내면에도 마치 구름 위의 맑은 하늘처럼 언제나 밝고 명랑한 어린아이 같은 빛나는 존재가 숨어 있죠!”

·

빛 나 는 존 재

평강에겐 마치 어둠을 밀어내는 동틀 녘의 새벽 같은 깨달음이 몰려왔다. '어두워만 보이는 하늘 저편에 또 다른 밝은 하늘이 있는 것처럼, 내 안에도 또 다른 빛나는 내가 존재하고 있었구나! 아, 나는 아버지의 생각대로 세상을 살아가고 있었기 때문에 이렇게 마음이 무거웠던 거야. 그것은 내 삶이 아니었어. 아버지의 인생이었어! 그래서 이렇게 힘들고 마음이 무거웠던 거야! 내 안에는 또 다른 진짜 내가 빛나는 태양처럼 숨 쉬고 있었는데!' 평강은 눈물이 났다. 그 자리에서 책상에 얼굴을 묻은 채 어깨를 들썩이며 울었다.

권 박사의 따뜻한 손길이 평강의 머리를 쓰다듬어주자 옆에 앉은 윤영도 평강을 끌어안고 울었다. 사촌언니 윤영은 누구보다 평강의 속마음을 잘 알고 있던 터였다. 윤영이 권 박사에게 이 아이가 고구그룹 평원 회장의 딸이라고 소개하자 사방에서 짧은 탄성이 일었다.

"오!"

모두가 놀라는 눈치였다.

부드러운 미소로 권 박사는 평강에게 말했다.

"그렇구나. 나중에 할 일이 많겠지만 지금은 자기를 사랑하는 일에 더 집중하는 것이 좋겠네요!"

평강은 태어나 처음 들어 본 '자신을 더 사랑하라'는 말 외에는 아무 생각도 나지 않았다.

언니와 함께 집에 돌아오는 내내 '나는 나를 사랑해야 해. 나는 나를 사랑해야 해. 나는 이제까지 남에게 상처주지 않으려고 나를 외면해왔어. 내가 누구인지 내가 무엇을 좋아하고 내가 무엇을 원하는지 생각조차 못했어. 내가 나에게 해야 할 것들이 이렇게 많았구나' 하고 생각했다. 이렇게 생각하자 평강의 얼굴에서는 억지미소가 사라지고 무언가 큰 짐을 덜어낸 사람처럼 평온해졌다.

'이젠 내가 원하는 삶을 살 거야, 다른 사람을 위해 살지 않고 내가 하고 싶은 것을 할 거야, 대학도 내가 진짜 하고 싶은 공부를 할 곳에 들어갈 거야.' 평강은 자기에 대해서 더욱 알고 싶어졌고 그래서 나를 알 수만 있다면 세상에 모든 지식을 깨우치고 싶었다.

평원 회장은 평강이 당연히 경영학과에 들어갈 것이라고 생각했다. 그러나 평강은 아버지에게 심리학과에 가겠다고 말했다. 혹시 잘못 들었나 하고 평원이 다시 물었지만 평강의 대답은 처음과 똑같이 심리학과였다. 급기야 평원은 노발대발하며 경영학과에 가라고 못 박듯이 명령했다. 그러자 평강은 눈물까지 글썽이며 말했다.

"아빠, 이제 전 제가 하고 싶은 것을 하며 살고 싶어요. 아빠가 원하는 대로 초등학교, 중학교, 고등학교 시설을 다 그렇게 보냈이요. 아빠, 전 친구노 하나 없어요! 이제는 제 자신에 대해서 알고 싶고 또 그런 공부를 하고 싶어요."

아버지 병원의 목소리는 고함으로 변했다.

"넌 고구그룹의 회장 딸이고 그룹 후계자야! 이것이 너야! 네가 더 알 것이 무엇이 있어! 넌 그냥 이 애비가 해놓은 모든 것을 이어받아 경영하면 되는 거야! 네 말 한 마디에 수많은 사람이 복종하고 네가 원하면 어떤 것이라도 가질 수 있어! 네게 아쉬울 게 뭐가 있냐? 세상 사람이 다 너처럼 되려고 발버둥치는 거야! 넌 왜 그렇게 답답하냐? 군소리하지 말고 애비 말 들어! 네가 아직 어려서 그래. 쓸데없는 소리 하지 말고 경영학과에 가! 알았어?"

평강은 아버지의 불같은 꾸지람에도 어떤 감정도 드러내지 않고 흐느껴 울기만 했다. 평강이 우는 것을 보자 평원은 안된 마음이 들었는지 다소 누그러진 음성으로 달래듯 말했다.

"이 애비가 누굴 위해 이 기업을 이렇게 키워왔냐? 내가 믿고 의지할 사람이 너밖에 더 있냐? 이 애비의 마음을 이해해라. 지금은 그렇게 생각할 수도 있겠지만 인생이란 그런 게 아냐. 나중에 나이 먹어 봐라. 이 애비가 한 말이 어디 하나 틀린 데가 있나. 네가 지금은 잘 몰라서 그러는 거야. 그러니까 다른 생각 말고 이 애비가 시키는 대로 해라, 알겠냐?"

하지만 평강은 낮게 떨리는 목소리로 애원하듯 말했다.

"아빠, 제 인생이에요. 제 인생을 제가 결정하고 제가 하고 싶은 것을 하게 해주세요."

자신의 말을 이해하지 못하고 자기고집만 부리는 딸의 대답에 평원은 화가 다시 불끈 치솟았다.

"그렇다면 이 큰 기업을 누가 이어받아 끌고 갈 거냐? 내가 누구를 위해 이렇게 살아왔는지 네가 알기나 해? 네 마음대로 해라. 우리 회사 바보 온달 같은 놈한테 시집이나 가버려라, 에이 못된 것!"

이렇게 거친 말을 마친 평원은 방문을 박차고 나가버렸다. 평원 회장의 모든 소망이 무너져 내린 순간이었다.

지금까지 자신의 말에 순종해왔던 평강이라 이번에도 고분고분하게 대답할 줄 알았다. 하지만 평강의 마음에 어떤 결심이 선 것을 감지한 평원은 속으로 탄식했다.

'아, 애가 다 컸구나! 이미 성년이 된 거야. 아, 이 무슨 변고인가. 앞으로 회사는 어떻게 할꼬?'

딸아이의 마음을 헤아리지 못하고 자신의 뜻만 강요했던 지난 시간들이 마음을 아리게 했다. 진실하게 대화를 나누지 못하고 자신의 생각만 강요했던 것이 후회스러웠다.

결국 평강은 자신의 생각대로 심리학과를 선택하여 학부를 마쳤다. 그리고 대학원에 진학했고 뇌 과학을 석사논문으로 준비하며 코칭을 병행해서 공부했다. 권 박사로부터 코칭을 받으면서 '우주 에너지장 이론'과 심리치료와 마음챙김명상, 에너지 치료에 관한 공부를 했다. 특히 자기처럼 자신이 누구인지 모르면서 누군가의 인생을 살아야 하는 많은 학생과 사람들로부터 상처받은 감정과 트라우마 치료에 깊은 관심을 가지게 되었다. 그러면서 평강은 스스로 깨달아갔다. '아, 내 어린 날의 고통이 헛된 것이 아니었구나. 이렇게 나와 같이 아파했던 사람들에게 도움을 주기 위해 준비된 고통이었구나.' 그런 생각이 들자 자신을 향한 신과 우주의 부르심을 아련하게나마 느낄 수 있었다. 이렇듯 그녀는 흐릿한 자신의 존재를 완성해나가기 위해, 원했던 모든 공부를 하며 스스로를 깨우치고 준비해나갔다.

한편 평원 회장은 평강에게 경영을 맡길 수 없다는 생각이 들자, 회사 내에서 가장 유능한 예일대 MBA 출신의 전략기획실 김준형 부장을 내심 사윗감으로 점찍어두고 있었다. 김준형 부장은 뛰어난 마케팅 실적으로 서른 살에 고구그룹의 최연소 부장이 된 최고의 두뇌였다. 평원은 그룹경영의 후계자로 딸 대신 사위를 잘 찾아 물려주어야겠다는 생각을 했던 것이다.

평원은 어느덧 27살이 된 평강을 불렀다.

"이제 공부는 실컷 했느냐? 애비는 네가 원하지 않으면 회사 경영을 맡기지 않겠다. 그러나 사위에게라도 경영을 맡기고 싶다. 우리 회사 전략기획실에 있는 김준형 부장 어떠냐? 학교도 예일대를 나왔고, 인물도 괜찮고, 그쪽 집안이 법조계니 법률적으로도 큰 도움을 받을 것 같구나. 나이도 맞으니 한번 만나보고 사귀어 보는 것이 어떻겠냐?"

그러나 평강은 사정하듯 말했다.

"아빠, 정말 죄송해요. 하지만 저는 제가 원하고 제가 사랑하는 사람과 결혼하고 싶어요. 코치의 마음을 가지고 세상의 아름다움을 함께 느끼고 아픈 사람들을 함께 치료해 줄 수 있는 그런 사람하고 결혼하고 싶어요."

또 무슨 불호령이 떨어질까 불안한 마음에 눈물부터 나왔다. 평강의 이 말을 들은 평원의 분노는 극에 달했다.

"야, 이놈의 자식아. 네 멋대로 살고 싶으면 지금 당장 내 집에서 나가. 온달한테나 시집가서 평생 산골짜기에서 농사나 짓고 살아라. 네가 안 나가면 내가 나간다. 당장 나가!"

·

바보 대리 온달

온달은 고구그룹에서 가장 무능하다고 소문난 대리였다. 회사의 모든 사람은 언제나 구조조정 영순위로 온달을 점찍고 있었다. 무능함의 대명사로 그의 이름은 다른 회사에까지 알려졌다. 회장이 온 대리를 싫어하는 것을 알고 있었기 때문에 모두 온달과 거리를 두려고 했다. 이제까지 그를 데리고 일했던 모든 부장과 상무가 한결같이 그의 느리고 수동적인 업무 태도와 비창의적인 무능함에 질려버린 터라, 회사 사람들은 그를 '도도(dodo)라고 불렀다. 도도는 급속한 외부환경 변화에 적응하지 못하고 인간에게 모두 잡아먹혀 지금은 이름만 남아 있는 전설의 새였다. 심지어는 청소하는 아주머니들도 무능한 신입사원을 보면 "온달과야!"라고 대놓고 경멸하는 이름이 되었다.

•

평 강

평원은 매일 식사 때마다 평강에게 후계 경영에 대한 이야기와 김준형 부장과의 결혼을 강요했다. 그때마다 평강의 속은 타들어갔다. 게다가 실랑이 끝에 온달에게 시집이나 가라는 험담을 들을 때면 더 이상 견디기가 어려워졌다. 평강은 아버지의 성화에 피가 말랐다. 그러나 그럴수록 불편하고 불안한 마음을 추스르며 자신의 삶의 흐름을 몸과 마음속으로 갈무리했다.

'본래 인체는 우주에서 오는 어떤 전자기와 같은 에너지로 살게 되는 거야. 아이들이 하루 종일 뛰어놀아도 지치지 않는 것은 온몸으로 우주에너지를 받기 때문이야. 그러나 어른이 되면 삶에 대한 걱정과 두려움에 에너지의 순환이 막히고 결국은 우주에너지와 순수한 교감이 끊어지게 되지. 마음은 과거의 고통스런 기억과 다가올 미래에 대한 두려움으로 가득 채워져 우주에너지와의 순수한 교감이 끊어지게 되는 거야. 이렇게 몸에 자연스러운 에너지가 흐르지 못하면 몸은 서서히 망가져 결국은 병들게 되는 거야. 아! 이렇게 아버지에 대한 내 마음의 덮개를 닫아놓은 채 시간이 지속되면 나의 영혼조차 어둡게 될 거야.

이 모든 원인의 뿌리는 두려움이지. 두려움은 모든 나쁜 감정을 만들어내. 하지만 신과 우주의 속성은 사랑이야. 우주는 착한 사람이라도 단비를 내려주지 않고 악한 사람이라고 우박을 쏟아 붓지도 않아. 우주는 모두에게 공평해. 모든 생명이 행복하게 살아가도록 낮의 햇빛과 밤의 달빛으로 먹이고 입히고 길러주며, 생명을 유지하는 가장 소중한 공기조차 아무 조건 없이 주고 있지. 그곳엔 생명의 강물이 흐르고, 기쁨의 들판엔 행복의 새들이 날아나닐 거야. 차라리 아빠 곁을 떠나자, 먼저 내가 살아야 해. 나 자신을 위해서 사랑과 생명을 주자. 그리고 나중에 아빠를 더 큰 모습으로 도와드리자.'

비로소 평강의 가슴이 시원해지며 마음의 평화가 강물처럼 흐렸다. 평강은 문득 권민수 박사가 보고 싶었다. 자신의 인생의 코치이며 멘토인 권민수 박사. 익숙한 번호를 누르고 신호음이 끝나자 평강이 먼저 경쾌하게 말한다.

"박사님, 저 평강이에요! 지금 어디계세요?"

"아, 나 지금, 강원도 봉평 오두막집에서 글 쓰고 있는 중이에요."

"아니, 이효석의 《메밀꽃 필 무렵》의 그 봉평이요?"

"네, 그곳이에요. 나, 지금 하이든의 〈헌팅〉을 듣고 있는데 이 곡 알아요?"

"네, 저도 아주 좋아하는 곡이에요! 봉평하고 아주 잘 어울릴 것 같은데요."

"똑같은 하이든의 〈헌팅〉이나 베토벤의 〈전원〉도 봉평에서 들으면 작곡자의 마음이 들려요! 아니 그런데 어떻게 봉평을 잘 알아요?"

"아, 봉평이요? 거긴 우리 아빠 별장이 있는 곳인데, 엄마 산소도 무이리 태기산에 있어서 자주 가는 곳이에요. 그런데 박사님은 봉평이 댁이세요?"

"아……, 아니오. 그냥 글 쓰라고 지인이 작은 콘도 하나 마련해줘서 글 쓸 때만 와 있어요!"

"박사님, 혹시 저 지금 내려가도 돼요?"

"아, 여기는 서울보다 높은 곳이니까 내려오면 안 되고 올라와야 돼요! 여기가 해발 700미터니까, 하하하. 조심해서 올라오세요."

여전히 장난기 많은 권 박사의 썰렁한 유머가 정겨웠다. 아주 오래전에 같이 먼 나라를 여행했던 사람 같다는 느낌이 들었다.

"그러면 박사님, 저 지금 출발하면 두 시간이면 가니까요. 맛있는 거 사주셔야 해요."

"그래요, 천천히 조심해서 오세요! 메밀전병하고 묵말이 한 사발 먹고 입가심으로 비빔막국수 한 그릇, 오케이?"

말만 들어도 군침이 돌아 평강은 저도 모르게 침을 한번 꿀딱 삼키고 대답했다.

"네에, 부지런히 갈게요. 참 박사님, 뭐 필요한 거 있으세요?"

"혹시 루왁 커피 있으면 구해 올래요?"

커피 마니아인 평강과 취향이 비슷한 권 박사의 요청에 평강의 대답은 쉽게 나왔다.

"아, 저도 그 커피 좋아하는데……. 얼마 전에 인도네시아에서 구입해온 게 있어요. 커피만 가져가면 돼요? 다른 것은요!"

"아, 호접란, 꽃 활짝 핀 화분 하나 사오세요. 조심해서 오시고요. 도착할 때쯤 전화주세요. 마중 나갈게요."

권 박사와의 즐거운 만남을 떠올리며 한걸음에 도착한 봉평은 5월의 따뜻한 햇볕이 내리쬐고 이제야 한철 늦게 느긋이 피어난 진달래와 벚꽃이 흥정계곡을 따라 한창이었다.

권 박사는 반갑게 평강을 맞아준다.

"먼 길 오느라 수고했어요!"

화사한 연분홍 블라우스를 입고 들어선 평강 때문인지 책으로 가득한 권 박사의 오두막집이 벚꽃 피어난 4월의 여의도처럼 황홀했다.

검은 커피들이 커피메이커에 만들어지며 풍기는 짙고 새콤한 루왁 커피의 향은 언제 맡아도 일품이다.

평강이 최근 아버지와 얽힌 복잡하고 괴로운 일들을 토로하는 것을 권 박사는 부드럽게 미소 지으며 계속 들어주었다. 한참 뒤 평강이 어느 정도 이야기를 끝내고 숨을 고를 때 권 박사가 처음으로 묻는다.

"그 괴로움은 어디에서 왔을까?"

"네? 아빠가 제게 당신의 꿈을 강요했기 때문에 온 것이 아닐까요?"

"성공하고 싶은 사람이나 부자가 되고 싶은 아들에게 그 아버지가 똑같은 소망을 강요했다면 어떻게 되었을까?"

"아, 너무 좋아했겠죠? 하지만 전 그게 싫은 걸요!"

이렇게 말을 하고서는 평강 스스로 깨쳤는지,

"아, 내가 싫어하는 데서부터 고통이 온 거군요! 내가 싫어

하지 않고 좋아했다면 고통이 아니라 그건 즐거움이 되었겠네요!”

하고 덧붙였다.

“그렇지, 확실히 평강은 코치 자질이 있어.”

“그러면 박사님, 자신이 고통 중에 있는 사람에게는 세상이 모두 고통스럽게 비쳐지고 즐거운 사람에게는 온통 즐거운 세상만 보이겠군요.”

“그렇지! 그것을 마음의 필름이라고 부르지. 마치 홀로그램을 보는 것처럼 있는 그대로를 보는 것이 아니라 자신의 머리에 떠오른 생각과 마음의 정보로 세상을 읽고 대하는 것이지. 트라우마와 같은 아주 깊은 고통을 겪을 때엔 자기의 정보로부터 오는 그 원인 모를 고통이 너무 고통스러우니까, 자기의 상처로 세상을 보니까, 세상 전체가 다 자신에게 상처를 주는 대상으로 가득 차 있는 것처럼 보이는 것이지. 결국은 세상이 모두 무서워져 과거의 상처들을 열쇠조차 없는 깊고 은밀한 곳에 가둬놓고 문을 잠가버리지. 그리고 자신은 자신의 어두운 곳에 숨겨놓은 무수한 아픔의 편린들이 보기 싫어 자신이 겪은 고통과 비슷한 사람이나 소리, 모양과 냄새, 분위기와 맛, 색깔 비슷한 것만 보아도 가슴이 두근거리고 두려워하지. 그 상처들을 잊고 싶어서 술을 마시고 약물에 의지하거나 쇼핑이나 드라마에 중독되기를 자청하는 거야. 마치 짐승을 키우는 것처럼 정신없이 똥 치우고 잔소리하고 목욕시키고 싸우고 예뻐해 주며 혼자 스스로 지지고 볶다 자신의 정신적인 모든 에너지를 고갈시키는 거야. 그러다 잠들면 꿈속에서조차 그 상처가 다시 나올까 두려워 잠들지 못하고 결국 죽음을 택하게 되지. 기업인이나 유명 연예인들의 갑작스러운 자살도 이런 과정을 겪다가 지친 결과지. 누구라고 죽음을 쉽게 선택하겠어?”

권 박사는 평강이 다시 따라주는 루왁 커피를 한 모금 마시며 말을 이어간다.

“우리의 에고는 이렇게 고통을 직면하는 것이 두려워 온갖 방법을 동원하여 감정의 유출을 막으면 막을수록 내 존재의 에너지가 숨을 쉬지 못하게 하고 있어. 하지만 우리 존재는 자꾸만 상처들을 치료하려고 하거든. 숨지 말고 들여다보라는 거지. 피하지 말고 숨겨두지 말고 제대로 보라는 거야. 지금은 견디기 힘들지만 고통을 하나씩 이겨나갈 때 우리의 의식은 강해지며 다시 그와 유사한 아픔을 겪을 때도 아무 두려움 없이 이겨낼 수 있게 되는 거야. 이렇게 이겨내면 이제부터는 자신과 같은 고통을 겪는 사람들에게 구체적으로 코칭해 주며 치료해 줄 수 있게 돼. 비로소 코치가 되는 것이지. 그래서 눈앞의 고통이 힘들어도 반드시 직면하고 싸워 이겨야 해. 고통은 실체가 아니라 과거의 정보이며 하나의 환영(Illusion)이기 때문에 반드시 극복할 수 있어. 감정을 피하는 것은 허공에 칼을 휘두르는 것과 같아. 그냥 고통에 직면해야 해."

권 박사의 말을 유심히 듣고 있던 평강이 한층 밝아진 표정으로 말했다.

"박사님 말씀을 들으니 결국 고통은 내가 가지고 있는 내 안의 괴로운 정보로 세상을 보기 때문에 느껴졌던 것이군요. 마음이 한결 시원해졌어요. 내 생각을 바꾸면 고통도 다른 각도로 보이기 때문에 한결 편해질 것 같은데 이미 지난 것들 중에 특히 저는 아빠의 큰 목소리나 경영, 온달, 이런 이야기만 들어도 가슴이 두근거리고 불안하고 무엇을 해야 할지 아무 생각이 안 나는데 어떻게 해야 하나요."

"그것은 평강의 고통이 뇌 가운데 변연계 즉 우뇌의 감정영역에 반복된 두려움으로 이미 저장되어 있어서 그래. 우리 뇌는 두 가지 경로로 해마가 장기기억을 하는데, 상처나 고통의 감정이 큰 경우는 한 번의 충격이 일생동안 그 사람을 괴롭히고, 또 하나는 평강의 경우처럼 매일같이 강요가 반복될 때 고통의 정보들이 우뇌의 감정의 영역에 들어가 있어. 그것은 우리가 기가 막힌다고 말하는 경우처럼 오른쪽의 뇌에서만 감정의 정보로 저장되어 있으니까 좌뇌에서 언어로 처리하지 못해서 이성적으로 납득하고 이해하지 못해서 고통이 풀리지 않는 거지."

"아, 너무 신비하다. 그러면 그런 감정에 들어 있는 깊은 상처들은 어떻게 치료를 해요?"

평강이 진지하게 물었다.

"이런 것들은 첫 번째, 두려워하고 회피했던 사건들을 다시 직면해 힘들어도 스스로 부딪쳐야 해. 회피했던 사건들의 내면을 다시 들여다보며 내가 진정으로 두려워했던 것이 진정 무엇이었나를 찾아보고 또 깊이 파고들다 보면 최후에는 별것도 아닌 두려움의 작은 조각을 발견하게 돼! 그리고 결국 그것이 살아 있는 생명체가 아닌 허상임을 알게 되지. 두 번째 방법은 그 고통의 정보를 떠올리면 우리 몸의 어느 곳엔가 막히거나 불편한 부위를 느끼게 되는데 그 자리를 손으로 짚어서 고요한 마음의 눈으로 바라보면 그 정보가 사라져. 이때 격한 감정적인 반응을 동반할 수 있지만, 마치 인공위성으로 어느 장소를 계속 좁혀서 보듯이 바라보면 그 자리가 시원해지면서 뇌에 쌓였던 감정적인 정보도 처리가 돼. 이런 방법은 양자역학에서 관찰자의 시각이 입자나 파동에 영향을 미친다는 원리에서 파생된 것으로 우리가 생각의 에너지로 환부를 관찰하면 그 자리에 묶여 있던 부정적인 에너지도 이동을 하게 되는 거야. 특히 자신에 대한 사랑의 마음으로 관찰하면 더욱 큰 치료의 파동을 만들게 되지."

 권민수 박사는 잠시 뜸들이듯 평강의 얼굴을 살펴본다. 평강의 눈빛은 간절하게 다음 말을 재촉하고 있었다.

 "그리고 현대 의학은 양자역학의 이러한 파동의 원리를 사용하여 병을 고치는 시대가 되었지. 또 하나는 눈을 굴리는 'EMDR 요법'으로 처리해야 해. EMDR 요법은 프랜신 샤피로 박사에 의해 개발된 심리치료 기법으로 특히 깊은 상처인 트라우마 치료에 아주 탁월한 효과를 보여. 아픈 과거의 상처를 떠올리면서 눈동자를 좌우로 24회 정도를 돌려주면 우뇌에 충격으로 묶여 있던 과거의 나쁜 정보를 눈동자가 왼쪽 방향으로 오면서 좌뇌의 언어적인 기능을 촉발시켜 감정적인 화학적 응어리를 좌뇌의 이성적인 스토리로 찾아 풀어주지. 그래서 뇌 정보의 왜곡되고 편향된 아픔들을 균형 잡힌 스토리로 잡아주게 돼. 예를 들면 과거의 아픔들을 생각할 때 자신이 실수하고 잘못한 것이라고 무조건 생각하기 때문에 다시 생각하기 싫거든. 그런데 눈을 굴려주면 왼쪽 뇌에 숨어 있던 당시에 자신이 최선을 다했던 다른 기억들이나 그 일이 반드시 자신이 책임질 것은 아니었다는 상황을 찾아줘. 그러면 이성적으로 이해가 되어 한결 마음이 가벼워지고 과거사로부터 해방될 뿐 아니라 과거의 정보도 희미해지며 나쁜 정보로부터 해방되게 하지. 이미 우리나라에까지 'EFT(Emotional Freedom Techniques) 요법' 중에서 정보 처리 부분에서 많이 사용되고 있어. 평강은 과거에 스스로 그런 상처들을 치료했던 적이 있었나?"

"어……, 제가 스스로 치료해 본 적은 없었는데요. 아빠 때문에 혹은 남들에게 보이기 싫어 참다가 견딜 수 없을 때 제 방에 있는 책상 밑에 쪼그리고 앉아 울 때는 많았어요."

"울면 어땠어?"

"네, 실컷 울고 나면 시원해졌어요."

"바로 그런 거지, 감정은 일종의 화학물질로 구성되어 있기 때문에 눈물이라는 또 다른 생화학적인 물질이 발생할 때 감정의 응어리도 함께 녹아 흘러 마음에 위로를 주게 되는 거야."

마음, 과거의 빛과 그림자

갑자기 평강은 자신이 책상 밑에 쪼그리고 앉아 울 때마다 보고 싶었던 엄마가 떠올랐다. 엄마의 모습을 떠올린 것을 예견한 듯 권 박사가 평강의 회상 속을 밀고 들어왔다.

"슬픔은 어두워. 아주 어두운 상태야. 데이비드 호킨스가 인간의 마음이나 감정 상태를 빛의 조도로 측정하였는데, 슬픔은 75룩스의 빛을 나타낸다고 했어. 수치심과 굴욕감이 20룩스이고 죄의식이 30룩스, 무기력과 절망감이 50룩스이고 그 다음이 슬픔인 것을 보면 슬픔이 얼마나 큰 어둠인지 알 수 있지. 동양 의학에서도 많이 슬퍼하거나 울면 폐가 상해 폐질환이 온다고 했어. 어쩌다 한 번씩 슬퍼하는 것은 정서상 유익할 수도 있지 만 장기적인 슬픔은 몸을 해쳐. 그래도 그런 울음은 좀 나은 편 이지. 울음조차 나오지 않는 큰 슬픔도 있어. 차라리 울어버리면 속이라도 시원하겠지만, 울음조차 나오지 않는 슬픔은 표현할 수도 없는 너무 억울하고 기가 막힌 슬픔이지."

평강이 말했다.

"저는 왜 우는지도 모르고 울 때가 많았어요. 그냥 힘들고 슬 퍼서 울었던 것 같아요. 미친 듯 자유롭게 살고 싶은데 그 욕구 를 가로막는 굴레에 대한 저항이 울음으로 표현됐던 것 같아요. 아빠한테 야단맞을 때마다 울어서 울보라는 소리도 많이 들었 어요. 저는요, 아마도 울지 않았더라면 내면의 에너지가 응어리 져 차디차게 굳어가는 석고처럼 병들어 세상을 떠났을지도 몰 라요. 박사님, 저는 어렸을 때 아랫동네 시장 마당에서 또래 아 이들이 뛰노는 것을 한참 동안 바라보곤 했어요. 그 동네는 하 루가 멀다하고 싸우고 깨지는 소리가 들리고 애들은 구멍 난 내의 하나만 걸친 채 벌거숭이 원시인처럼 살았어요. 그리고 어느 날엔 부지깽이를 들고 죽일 듯이 자식을 쫓아가는 엄마들도 있었고요. 가난한 아이들에겐 누구 하나 관심도 없었지만 그만큼 간섭도 없었던 것 같아요. 그 아이들은 갖고 싶은 것이 많았겠지만 거의 그럴 수가 없었죠. 하지만 전 그렇지 않았어요. 원하는 것은 무엇이든지 다 가질 수 있었지만, 즐거움이 뭔지는 몰랐어요. 저 애들은 저렇게 가난한데도 왜 마냥 즐거운지 생각이 많았어요. 그 아이들은 돈은 없지만 온 세상이 다 놀이터 같았어요. 공부에는 관심도 없고 시장공터에서 밤새도록 놀았어요. 가위생, 리을자, 일본기, 오징어, 도둑잡기, 담방구, 시계불알, 말방까기, 자치기 등. 한 번은 도둑놈잡기를 하는데 술래가 된 애가 제가 사는 동네까지 쫓아 올라와 골목에 숨어 있는 것을 이층 창에서 몰래 숨죽이며 바라본 적도 있었어요. 그 아이들은 언제나 누구의 간섭도 없이 원 없이 놀았어요. 부모들은 애들이 없어져도 밤늦게 돼서야 찾을 정도로 관심 밖 세상에 살았던 것 같아요. 그래서 응어리진 것이 없고 애들이 시원시원했어요. 뭐 어려운 것도 없고 다만 무엇이 부족한 것이 있다면 부잣집 놀이를 못해본 것뿐이겠죠. 〈타이타닉〉에 나오는 남자 주인공 잭 같은 아이들이었어요. 부유함에 대해선 모르겠지만 가난에 대한 부끄러움은 없는 것 같았어요. 저는 시장동네 애들 근처를 지날 때마다 호흡이 멎고 가슴이 쿵쾅거렸어요. 애들이 '평강아' 하고 옛날처럼 나를 부를까봐 두려웠지만 사실 비싸기만 하고 움직이기 불편한 옷들을 벗어버리고 그냥 애들과 함께 어둠에 묻혀서 밤새도록 같이 놀고 싶은 마음뿐이었어요. 그럴 때마다 집에 들어와서 책상 밑에 들어가 또 울었어요."

평강의 말은 터진 봇물처럼 한꺼번에 쏟아져 나왔다. 끝까지 듣고 난 권 박사가 말했다.

"울지 못하는 것이 병이지, 우는 것은 약이야.

사람이라는 존재는 어릴 때는 마치 송아지처럼 마냥 뛰어다니다가 어른이 될 때 코를 뚫어 줄에 묶인 소 같지. 어릴 적의 즐거움과 자유는 사라지고 고통 때문에 주인에게 소처럼 복종하지. 사람도 마찬가지야. 아이인데도 회장 집 딸이라는 전혀 다른 삶을 요구받았던 평강에게도 그런 코뚜레가 생긴 거지. 만일 그러한 코뚜레를 벗지 않으면 누군가가 주는 밥을 먹고 그를 위해 충성을 다해야겠지. 밥을 얻어먹는 대가로 코뚜레에 묶여 살아야 하는 사람들은 그 결빙된 에너지 덩어리들이 뇌 안에서 돌아다녀 훗날 알츠하이머와 우울증, 자폐나 완전한 기억상실을 만들지. 이는 더 이상 남에게 맞추어진 생활의 고통을 견디지 못하고 자신의 생명을 지키기 위해서 모든 기억회로를 셧다운시켜서 스스로 자신의 생명을 지키려는 뇌의 생존반응이라고 할 수 있어. 성적인 수치심을 겪은 것을 누구에게도 말을 못하고 가슴깊이 숨겨 놓았을 때 대개 자궁에 그 냉증이 자리 잡아 근종 같은 질병이 만들어지는 것과 같지. 먹는 것에 대한 모욕과 상처를 받으면 비장계통에 냉기가 누적되어 위암으로 발전하기도 해. 그리움이나 사랑, 이별에 대한 상처나 슬픔, 외로움을 깊이 느끼거나 지나친 욕심으로 과도하게 욕심을 부리면 폐에 열이 빠지고 냉기가 쌓여 폐질환이 생기게 되지. 재벌들이 폐병이 많은 이유가 여기 있지. 만일 이러한 일이 아주 어려서 발생되었고 그 고통을 묻어놓은 채로 어른이 되었다면 어른이 되어서도 그 사건이 발생한 시점의 감정 상태를 벗어나지 못하게 되는 거야. 현대인이 수많은 희귀병에 걸리게 되는 원인도 이와 같은 굴레의 덮개 아래 숨겨놓은 존재냉증(存在冷症) 때문이야. 이러한 냉증이 심한 사람들은 담배와 술에서 위로를 받으려 해. 담배는 성질은 가벼우면서도 불과 같은 열성을 가지고 있어. 그래서 상호보완성이 있어서 몸이 무겁고 차가운 사람들이 담배를 찾는 거지. 몸에 정신적인 냉증이 있는 사람들은 항상 그 존재의 그늘에서 허기와 냉기를 느껴. 그래서 담배를 통해 뜨거운 기운을 받으려 하고, 뱃속에 들어가 열을 내는 술을 마시려 하는 거지. 몸이 더워지고 정신이 흐려지니 아픈 마음을 잊어버리고 잠이 들 수 있게 되는 거야. 이렇게 하루하루 자신이 누구

인지 어디로 가는지조차 모르고 잠에 빠져드는 사람이 인구의
85퍼센트 이상이야. 이것이 코치가 해결해야 할 행복한 과제며
삶의 목표야. 나 또한 이런 일 때문에 세상을 살아가고 있어."

권 박사의 굴레와 사명에 대한 이야기를 들으며 눈물을 닦아
내던 평강의 눈이 금세 밝아졌다. '사명!', '존재의 이유', '삶의
목적', '나는 누구인가? 진정한 나는 어디에 있는가? 나의 인생
은 무엇인가?'

마음의 눈으로 보는 코칭

평강이 단아한 목소리로 묻는다.

"아까 박사님께서 자신의 마음으로 세상을 본다고 하셨잖아
요?"

평상의 해맑은 눈을 바라보며 권 박사는 고개를 끄덕였다.

"모든 사람은 마음이 생각하는 바에 따라서 상이 생긴다면 이
러한 심상(心像)은 자기 마음의 잔상이며 투영된 필름이겠네요.
삶이 고통스럽다고 생각하는 사람들은 그 마음에 이미 고통의
잔상이 필름에 찍혔기 때문에 어떤 그림을 넣어도 똑같은 현상

으로 나오게 되는 건가요?"

권 박사는 말없이 미소를 지으며 고개를 끄덕였다.

"그렇게 되면 주연배우를 바꿔도, 감독이나 스크린을 바꿔도 그 사람의 고통의 드라마는 변하지 않겠네요. 제가 얼마 전에 드래곤 라이더가 주인공인 〈에라곤〉이라는 영화를 보았는데, 드래곤 라이더에게도 용을 타고, 용을 다스리는 법을 코치해 주는 사람이 있더라고요. 그는 주인공에게 몇 가지 주문을 알려주는데, 그 중에 용을 타고 하늘을 나는 주문이 있어요. 용을 타고 하늘을 날면서 이 주문을 외면 주인공의 눈이 변하는데, 세상이 온통 붉게 보이는 거예요. 그때 주인공이 놀라면서 용에게 이렇게 말해요. '아 너는 이렇게 세상을 보는구나.' 그 다음부터 그는 용이 자신을 붉은 모습으로 본다는 사실을 알게 되었어요. 저는 결국은 모든 문제는 자신의 생각에 달려 있다고 봐요. 그것을 사람이 세상을 인식하는 일이라고 해도 되나요?"

권 박사는 더운 김이 나는 커피를 평강의 잔에 따라주며 말했다.

"코칭이 큰 돈벌이가 되지 않는데도 왜 많은 사람이 배우려고 할까? 그것은 코칭이 자신과 타인의 삶을 변화시켜 주기 때문이지. 사람을 변화시킨다는 것보다 어려운 일은 세상에 없어. 사람을 변화시키려 한다면 먼저 코치 자신이 어떤 눈으로 세상을 보는지를 깨달아야 해. 자신의 내면이 상처로 가득 차 있는 사람

은 코치가 되기 전에 자신의 사고나 존재에 더욱 감사하며 긍정
과 사랑의 에너지로 자신을 가득 채워야 해. 그렇지 않고 코칭
기술만 배워서 코칭 하는 사람들은 남을 변화시킬 수는 있어도
자신은 그 변화의 참된 즐거움을 모르지. 코치들도 자기 상처를
먼저 치료하고 자신이 먼저 행복해지는 법을 배워야 해. 그렇
지 않으면 자신의 불행으로 다른 사람의 불행만 보게 될 뿐 아
니라 결코 그에게 행복에너지가 전달되지 않아. 비록 코칭을 받
아도 사람들은 코치가 진짜 즐거운 마음을 가지고 있는지, 진짜
그 사람이 행복한지 다 알아. 느낌으로 아는 거야. 또한 코치는
자신이 어떠한 눈으로 세상을 보는가도 배워야 하지만 그 사람
이 어떠한 눈으로 세상을 보는지, 그의 마음을 이해해야 해. 그
가 세상을 보는 마음의 눈으로 같이 봐야 코칭이 가능한 거야.
자신의 마음이 에고의 감옥에 갇힌 사람들은 자신을 권력이나,
재물, 혹은 미모나 재능과 동일시하지. 그래서 그러한 외부적인
것들이 존재할 때 자신이 살아 있다고 느끼고 그런 것들이 사라
지면 자신이 죽었다고 생각하게 되는 거지. 이러한 마음은 세상
을 떠날 때 비로소 잘못 살았다는 것을 알게 되지. 이러한 부정
적 그림의 근본적인 원인은 관계의 단절에서 오는 거야. 엄마의
뱃속에서부터 자기를 싫어하거나 부정적인 부모의 대화를 들은
아이들은 이미 단절을 느끼고 두려워하게 돼! 그래서 외부적인

것과 자신을 동일시하고 그것을 자기 주변에 가득 쌓아놓을 때 안도의 숨을 쉬지만 이 또한 어리석은 생각들이지. 코치는 사람들이 이러한 자기 마음의 구조들을 발견하게 해주고 죽는 날 후회하지 않고 세상이 밝아지도록 그들 내면에 잠든 우주적인 사랑을 일깨워줘야 해. 이것이 코치의 사명이야.”

사 랑 의   힘 ,   감 사 하 는   마 음

권 박사의 말을 유심히 듣던 평강은 문득 엄마가 세상을 떠난 뒤 아무도 없는 큰 집에 혼자 남아 울다 지쳐 잠들던 때의 공포와 외로움이 떠올랐다.

“박사님 제가 그런 사람이었어요. 사업에 바쁜 아빠 때문에 오랜 시간을 홀로 살아가는 법을 배워야 했고, 저를 진심으로 사랑하고 아껴주었던 사람 없이 어린 시절을 보낸 것이 제 무의식 속에 세상에 대한 단절감으로 남아 있었던 것 같아요. 이런 단절감은 신조차 나를 버렸다는 절망감을 만들었고, 결국엔 세상에서 악의 뿌리를 제거한다는 명목으로 전쟁이 일어나서 나를 힘들게 했던 모든 사람이 죽어버렸으면 하는 생각도 많이 했어요. 어떨 때는 제 스스로 목숨을 끊어 아빠가 고통스러워하는 모습을 조금이라도 볼 수 있다면 어떨까 하는 생각도 했었어요. 이 모든 것이 단절에서 비롯된 것이었군요. 저는 엄마가 일찍 돌아가셔서 엄마 사랑을 많이 못 받은 것이 단절의 원인이었던 것 같아요."

권 박사는 머리를 한번 끄떡 하고는 말했다.

"그렇지, 단절은 근원적인 차원에서 보면 사랑의 부재이거나 결핍이겠지. 사랑이 없는 것이 아닌데 받아보지 못해서 주는 법도 모르는 거야. 사랑을 받는 것을 경험해야 해. 사랑에 실패한 사람들이 애완동물을 기르는 것도 동물로부터 사랑받고 싶고 사람에게 주지 못한 사랑을 동물에게 주고 싶어 그러는 거지. 그러다가 동물이 아프거나 병들면 그렇게 애처롭게 고통을 함께 나누는 것도 동물이 나로 하여금 사랑하는 법을 가르치는 것이지. 우주적으로 보면 그것도 사랑의 깨우침이야. 사랑은 받는 것에 대한 분명한 경험이 있어야 해. 우리는 신의 품안에서 안식과 평안을 느낄 수 있어야 해. 신을 믿지 못하겠거든 자연 속에서라도 안식과 평안함을 느껴야 해. 요즘 아이들이 너무 컴퓨터의 가상공간에서 살아가는 것은 미래 인류를 위해서도 바람직하지 않아. 세상에 나가서 하늘과 땅의 품안에서라도 나는 절대로 혼자가 아니라 이미 우주와 신의 모든 사랑을 받고 세상에 태어났으며 지금도 그 모든 것들과 연결된 사람임을 깊이 경험해야 해!"

평강은 호흡을 고르게 하고 조용히 눈을 감았다. 자신이 이 세상에 태어나 여기까지 살아온 것도 우주와 신의 사랑이었음을 느끼며, 내가 숨 쉬는 공기와 맑은 하늘과 태양, 밤의 이슬과 살아 숨 쉬는 심장을 느끼고, 누군가가 나를 위해서 이 모든 환경을 만들어주고 매일 나를 지켜 보호해준다는 편안함과 감사함이 평강의 마음을 가득 채웠다. 모든 생각과 근심과 내일 할 일까지 다 내려놓고 그냥 내게 주어진 이 시간에 감사했다. 그리고 이런 사랑을 받고 있는 자신을 생각하고 자신이 얼마나 소중한 우주적 존재임을 인식하자 고마운 마음에 대한 뜨거운 눈물이 흘러내렸다.

'울보야, 울어라.'

평강의 마음에 우주의 사랑에 대한 고마움이 가득하자 내면에 응어리진 에너지장에 파동이 일어나는지, 몸이 떨리면서 뜨거운 것이 가슴 저 깊은 곳에서 울컥하고 솟구쳐 올라왔다. 두려움이 만들어냈던 그동안의 모든 감정의 조각들이 한꺼번에 녹아내렸다. 평강은 이내 참지 못하고 큰소리로 울기 시작했다.

권 박사는 평강이 울도록 내버려두고 잠시 밖으로 나왔다. 어느덧 어슴푸레 저무는 산 쪽을 바라보며 마치 평강이 들으라는 듯 중얼거린다.

"사랑이다. 사랑을 알아야 존재가 눈을 뜬다. 사랑만이 아주 오랜 세월동안 잠가놓았던 굴레의 덮개들을 열 수 있다. 이 세상의 터전은 언제나 흔들린다. 없었던 것들이 갑자기 생겨나고 있던 것들도 어느 날 없어지지. 네 존재는 스스로 너를 깨우쳐 이 모든 원리들을 깨우치게 할 것이다. 깨우침이라는 것은 밖에서 갑자기 날아온 것이 아니야. 내 안의 장애가 사라질 때에 자연스럽게 내려가야 할 것들은 내려가고 올라가야 하는 것들이 그길로 올라가는 거야. 본래 이 땅과 하늘은 한 덩어리이며 하늘에서 내려온 것이 땅에서 다시 올라가는 거야. 우리 안에 어떤 새로운 것을 만들려고 애쓰지 마라. 장애만 사라지면 하늘은 다시 우리 안에서 호흡하게 된다. 그때에 가장 큰 에너지가 다시 흐르기 시작한다. 이것이 사랑이다. 사랑의 에너지가 다시 흐르게 되면 내부의 그 소란했던 말들이 사라지고 고요함만 흐른다. 머리는 비고 하늘의 이야기만 들린다. 은혜와 계시 속에서 그분이 들려주는 소리에만 귀를 기울이고 그분의 음성에만 순종하게 된다. 눈은 밝아지고 마음은 한없이 고요해진다. 세상에서 나를 이끌리게 하는 것에 마음이 없고 칭찬과 비난에도 관심이 없다. 성공과 부유함의 미혹에도 이끌리지 아니하며 오직 사랑하고 사랑을 나누고 싶은 마음뿐이다. 아픈 사람을 보면 에너

지가 그에게 흐르고 굴레와 덮개에 갇힌 사람을 보면 그 사람
의 깊은 곳에 잠겨 있는 녹슨 자물통을 본다. 그 자물통 너머 그
속에 빛나는 존재의 불꽃을 비쳐준다. 이승과 저승을 모두 보
며 살아 있는 동안에도 삶과 죽음의 세계 너머를 본단다, 평강
아…….”

자연의 빛과 생명

평강의 아버지 평원 회장은 무남독녀 외동딸에 대한 믿음과 기
대를 버렸다. 그룹 내에 이 소문은 꼬리를 물며 번져갔고 고구
그룹의 후계를 꿈꾸는 사람이 하나둘씩 생겨나기 시작했다. 특
히 고구그룹과 재계 1, 2위를 다퉈온 신라그룹과 백제그룹의 회
장 직속 그룹 기획실에서는 10년 후의 시장 판도를 미리 그려보
기 시작했다. 심지어 중국의 가장 큰 경쟁사인 수그룹에서는 고
구그룹의 이런 소문에 분열과 패망을 예견하기도 했다.

　이렇게 평강은 소문만 무성하게 남긴 채 사람들의 기억 속에
서 사라져갔다. 어떤 언론도 가십거리를 찾아다니는 기자도 평
강에게 관심을 갖지 않았다. 그러던 어느 날 평강은 아버지에게

편지 한 장만 남긴 채 사라져버렸다. 평강이 찾아간 곳은 지난 번 권 박사와 만나 큰 깨우침을 얻었던 봉평의 태기산 깊은 산 속 별장이었다. 그곳은 평강의 어머니가 세상을 떠나기 전부터 휴가삼아 며칠씩 내려와 지냈던 별장이었다. 평강은 봉평 산중 에 머물며 치유와 수련에 적합한 건물을 지어놓고 일생의 꿈을 현실로 만들어 가고 있었다. 주변 환경도 평강의 계획과 설계 대로 아름답게 꾸며놓았다. 평강의 산중 별장에는 평강 어머니 의 영정을 모시고 살아가는 한 노인이 있었다. 노인은 어머니가 살아계실 때 도움을 많이 받았다고 했다. 그 은혜를 잊을 수 없 어 이곳을 지키고 있다고 했지만 평강은 엄마가 그 노인에게 어 떤 도움을 줬는지 알 수 없었다. 어찌됐든 평강은 이곳이 좋았 고 노인을 보고 있으면 마음이 편해졌다. 어렸을 적부터 이곳에 서 살고 싶다는 생각을 많이 했었다. 작은 오두막집 뒤로는 산 꼭대기로 올라갈 수 있는 오솔길이 나 있었다. 오솔길에는 언제 나 깊은 숲속의 그림자와 안온한 고요함이 있었다. 집 아래로는 나무다리가 있는 삭은 개울이 흐르고 버들치와 쉬리, 돌 밑에는 기름종개와 퉁가리 등이 살고 있었다. 평강은 이런 개울이 좋았 다. 물이 너무 차서 한여름에도 쉽게 발을 담글 수 없을 정도였 지만 수정같이 맑은 물에 발을 담그고 고요하게 흐르는 하늘의 구름을 보면 마음은 늘 깃털처럼 가벼워졌다. 숲 사이로 비치는 하늘의 투명한 빛은 낮에는 따뜻한 생명의 빛으로 밤에는 영롱하게 빛나는 수많은 별을 보여주었다.

평원 회장은 평강이 어디에 있는지 알고 있었지만 애써 그녀를 찾으려 하지 않았다. 차라리 없다고 생각하는 편이 훨씬 더 낳았다. 남모르게 사람을 붙여 부족함이 없도록 도와주려 했으나 평강은 아버지의 그런 마음을 애써 외면했다. 그리고 직접 농사를 지었다. 노인과 함께 산자락 아래를 개간해 감자와 고랭지배추를 심었다. 처음 몇 해 동안에는 먹고 내다 팔 정도의 수확만 있었다. 그러나 평강이 자연의 이치에 따라 지은 자연농법은 해가 거듭될수록 소출이 늘어났다. 노인은 사람을 불러 감자와 배추를 내다팔았고 중간상인들은 소비자의 반응이 좋다며 더 많은 양을 주문했다. 노인과 평강은 본격적으로 땅을 개간하고 다른 땅도 더 사들였다. 마을 사람까지 고용하게 된 평강은 이제 어엿한 농업 경영인으로 바뀌어 있었다.

강원도의 고산지역은 물이 빨리 빠져 건조한 곡물들을 재배하기에 적합했다. 노인은 땀 흘려 일하는 평강을 물끄러미 바라보다 넌지시 입을 뗀다.

"아가씨, 일하는 모습을 보면 생전의 어머니 모습을 보는 것 같아요, 어머니도 참 열심이셨죠."

평강은 부끄러운 듯 잠시 일손을 멈추며 명랑한 목소리로 말했다.

"아니, 할아버지. 제가 열정적으로 보이세요? 너무 여리고 바보 같아서 아빠가 싫어하셨잖아요."

"아녜요, 아가씨. 아가씨가 일하는 것을 가만히 보면 평생 산에서 농사짓고 산 우리도 배울 게 많아요."

"호호호, 어머, 정말요? 어떤 점이 그렇게 보였어요?"

"아가씨, 우리는 일손도 부족하고 풀 뽑기도 성가셔서 제초제를 뿌리거나 비닐을 덮는 방법으로 농사를 짓는데, 아가씨는 풀 뽑기는 고사하고 비닐마저 덮지 않는데 감자알도 훨씬 굵고 양도 많아요. 남들은 다 풀 때문에 고생을 하는데."

평강은 이내 웃으며 대답했다.

"아하, 그것 때문에 그러시는구나. 할아버지, 풀 때문에 감자나 배추가 덜 자란다고 생각하는 것은 잘못이에요. 풀이라는 것이 단순히 다른 농작물을 해롭게 하려고 있는 것이 아니라 풀이 있으므로 땅속 세계가 더 풍족해져요. 생명에 이로운 박테리아, 유충늘도 많고요. 지렁이, 땅강아지, 개미 등 각종 벌레들이 다 땅에다 알을 낳고 또 거기에서 일생을 마치죠. 풀은 그런 땅속 공간을 넓게 해주고요. 물기를 품고 있어서 가뭄에도 좋을 뿐 아니라 큰비가 와도 흙을 붙잡아줘서 농작물이 떠내려가지도 않아요. 땅이 비옥해지면 땅심이 좋아져서 풀에게 양분을 빼앗기는 것이 아니라 풀과 함께 우리가 심은 모든 작물도 사이좋게 자랄 만큼 자연은 서로 돕고 서로를 살리게 되어 있어요. 그리고 비닐을 씌우면 풀을 자라지 못하게 하지만 과도한 열기 때문에 비닐 안에서 사는 생물도 죽고 바람이 통하지 않아 땅이 병들기도 쉬워요. 또 쓰다 버린 비닐은 땅을 죽이는 아주 나쁜 요소가 돼요. 이렇게 그냥 자연스럽게 기르면 되는데 자꾸만 생산에 욕심을 내 제초제를 치니 땅 속 생물들이 동시에 죽어버려요. 흙이 죽으니 생명이 안 살지요. 그러니 땅심이 얕아지고, 곡식이 자라지 못하니까 인공비료를 써야 되죠. 이런 악순환이 반복되는 방식으로 생산되는 농식품을 먹는 한국사람에게 질병이 많은 것은 당연한 거예요. 대한민국에 병원이 좀 많아요? 암환자는 또 얼마나 많고요. 이 모든 것이 우리가 매일 접하고 특히 몸속으로 들어오는 음식에 있다는 생각을 해보았어요. 농사를 짓는 사람과 농식품부에서도 이런 국민건강에 대한 생각과 농촌의 지력을 회복시켜서 건강 100세를 만드는 깨끗한 먹을거리를 만들어낸다면 한국의 미래가 얼마나 좋아지겠어요?"

"아니 아가씨, 어떻게 그런 생각을 했어요? 그래서 농사를 지러 내려오신 거예요?"

"아녜요, 할아버지. 그냥 저도 도시에서 먹는 가공식품이 미심쩍어 언젠가는 내 손으로 농사지어 먹어야지 했는데, 이렇게 되었네요. 호호."

　평강은 신기하다는 표정으로 듣고 있는 노인이 재미있는지 웃고 말았다. 평강의 해맑은 웃음과 미소는 저물어가는 세상의 한 켠에서 붉게 노을 지고 있었다. 평강은 저녁밥을 지어먹고 책상에 앉아 노인과 나눈 대화 속에서 발견한 자신의 생각을 의식일기에 기록하기 시작했다.

•

완벽한 우주

신이 세상을 창조할 때에 6일 동안에 모든 만물을 지으셨고 마지막 날에 자신을 닮은 사람을 지으셨다고 했다. 그리고 사람에게 신이 지으신 아름다운 동산을 돌보며 이 땅에서 번성하고 생육하라 하셨다. 신이 이 세상을 창조하기 전의 세상은 깊은 어둠으로 싸여 있있고 모든 것이 혼논 속에 묻혀 있었다. 혼논의 어둠 속에서 신은 이렇게 아름다운 세상을 창조하셨다. 우주를 돌아보아도 지구만큼 아름다운 별은 없다. 어느 별이 지구처럼 푸르른 생명을 간직하고 있을까? 짙푸른 바다와 눈 덮인 산과 파란 하늘, 맑은 호수와 하얀 모래밭, 흐르는 개울과 깊은 골

짜기, 용암이 분출되는 화산과 비 내리는 들녘, 눈부시게 찬란
히 떠올랐다가 황홀한 색조를 물들이며 저물어가는 태양과 노
을 진 바닷가, 끼룩거리며 날아오르는 갈매기들과 물속의 기이
한 온갖 생명들, 이처럼 아름다운 세상에 생명의 존재로 태어난
것도 감사한데 생각하고 창조할 수 있는 사람으로 태어난 것은
더욱 귀하고 값진 선물이다. 그리하여 우리는 일생을 감사하며
살아가야 한다. 밖의 세상에 문제가 있는 것이 아니다. 스스로가
감사하지 못할 때 세상은 불만스러운 것이다.

·

용서와 소주천행공

문득 이러한 생각이 들자 평강은 아버지, 두렵기도 하고 불쌍
하기도 한 아버지 평원 회장이 떠올랐다. 그리고 자신을 세상
에 있게 한 분이라는 생각이 들자 아버지가 보고 싶어졌다. 그
녀는 아버지를 떠올리며 '아빠 감사해요, 아빠 사랑해요!' 하고
나지막이 말했다. 아버지에 대한 미움이 사라지고 그 자리에 사
랑과 감사하는 마음이 들자 평강의 몸은 훈훈해지기 시작했다.
처음에는 평강의 배꼽부분에서 따뜻한 기운이 느껴졌다. 평강

은 '아, 지금이 에너지 호흡을 해야 할 타이밍인 것 같다'는 생각에 권 박사에게 배워 익힌 소주천행공을 시작했다. 배꼽에서 속으로 4cm 안쪽에 생각을 모았다. 생각이 한곳에 고요히 집중되더니 에너지가 모이는 것이 느껴졌다. 생각과 함께 평강의 몸에서 따듯한 기운이 움직이기 시작했다. 서서히 그 에너지를 배꼽 위로 끌어올려 제3 차크라(인간 신체의 여러 곳에 있는 정신적 힘의 중심점 가운데 하나. 산스크리트어로 '바퀴'라는 뜻이다)가 있는 중완혈에서 다시 여러 차례 회전을 주고 에너지를 증폭시켜 가슴 한가운데인 단중혈로 에너지를 끌어올렸다. 가슴 앞편과 뒤편에서 푸른빛이 들어오는 것을 상상하자 투명한 옥색 기운이 들어오면서 가슴이 시원하게 열렸다. 남몰래 미워하고 마음을 아프게 했던 모든 사람을 뚫린 가슴구멍으로 빼 내보내며 용서했다. 뚫린 가슴으로 다시 청순한 기운이 들어오기 시작했다. 가슴을 꽉 채운 에너지는 목으로 올라가서 천돌혈을 건드리더니 아주 오랜 세월동안 쌓인 억울함과 회장 딸이라 남의 눈을 의식했던 영상들이 떠올랐다. 그 중 생각나는 대로 철없이 말했다가 아버지에게 뺨을 맞던 때의 생각에 한참이나 머물렀다. 얼굴이 달아오르고 호흡이 가빠졌다. 몸에서 돌던 에너지는 더 이상 증폭되지 않고 그 자리에서 사그라지고 말았다. '아, 생각에 끌려갔구나. 생각을 보내기 위해 하는 것인데 생각에 끌려 생각을 좇아갔구나, 그만 생각에 빠져 에너지의 흐름을 놓쳤구나. 생각은 하루에 8,000~50,000개의 잡념이 생긴다는데 그 순간 마음의 평정심도 흐트러지고 에너지의 흐름도 끊긴다. 조심해야겠다. 어떻게 잡념에 빠지지 않고 원하는 생각만 할 수 있을까?'

관 찰 의   힘

평강은 순간 낮에 노인이 한 이야기가 떠올랐다.

"풀이 많을 때는 벌레를 잘 봐야 해요! 벌레들은 배추색깔과 똑같은 색깔을 하고 있어서 잘 살펴야 해요."

평강은 이 말을 관찰이라는 단어로 정리했다. 관찰이라 관찰. 훌륭한 농사꾼은 제대로 관찰한다. 어느 땅에 문제가 있는지, 날씨는 어떤지 관찰하고, 식물의 성장과 영양 상태를 관찰하고 천적의 움직임을 관찰한다. 에너지가 자신의 몸을 타고 흐를 때 평강은 그 흐름을 관찰하고 있었다. 그리고 에너지와 생각을 맞추려고 의식적으로 집중했다. 그러나 불쑥 떠오른 잡념 때문에 흐름이 끊기곤 했다. '왜 잡념이 들 때 집중하지 못하고 과거 기억을 쫓아갈까? 아, 내가 관찰하는 힘이 부족하구나. 무의식에서 나의 생각을 관찰할 수 있다면 내가 의도적으로 하지 않아도 자동으로 될 텐데 생각으로 집중하려 하니 힘이 부치는구나. 어떻게 해야 관찰하는 힘을 가질 수 있을까?'

그때 코칭 공부를 하면서 깨우친 인간의 의식성장 4단계를 떠올렸다. 처음의 단계는 '무의식-무능력'이다. 예를 들어 자전거를 타는 사람을 처음 보았을 때 재밌어 보이기는 하지만 '뭘 저런 것을 타나' 하고 탈 생각도 없고 탈 줄도 모르는 단계를 말한다. 그러다가 어느 날 가만히 자전거 타는 사람을 눈여겨보니 기름값도 안 들고, 환경에도 큰 도움이 되고, 다리근육도 강화되고, 주차하기도 편하고, 차 막힐 때 출근도 빠르고, 좋은 것이 너무 많다는 것을 알게 되었다. 그러나 아직 탈 줄은 모른다. 이러한 단계를 '의식-무능력'의 단계라고 한다. 그래서 이 사람이 열심히 타는 법을 익혔더니 생각했던 모든 것이 이뤄지게 되었다. 이 단계를 '의식-능력'의 단계라고 한다. 이렇게 자전거 타는 것이 좋아서 매일같이 타다 보니 어느 날에는 두 손을 놓고 다리만 가지고도 운전을 할 수도 있고 다른 생각을 하면서 타도 어느 틈엔가 목적지에 도달해 있는 자신을 발견하게 된다. 이런 단계를 '무의식-능력'의 단계라 한다. 평강은 현재 자신이 '의식-무능력'의 단계에서 '의식-능력'의 단계로 가는 과정에 있다는 것을 발견했다. 2단계가 가장 어렵다는데. 대부분의 사람이 성공을 향한 비전과 계획은 있을지라도 성실하게 실행하는 행동이 수반되지 않아서 성공하지 못하는 것을 너무 많이 보았다. 일류대학을 나왔는데도 아버지 회사에서 퇴직당하는 인재들도 많이 보았다. 말도 잘하고 계획도 훌륭하고 능력도 있는데 어떤 부장은 담배 하나 끊지 못해서 폐병으로 세상을 떠났고 일과 삶의 밸런스를 맞추지 못해서 과로사하는 인재들도 많이 보았다. 결국 실행력이 문제였다.

'성실하게 하나씩 꾸준히 밟아가다 보면 무엇이 되도 되겠지.' 평강은 자신의 머릿속에 끝없이 떠오르는 수많은 생각이 도리어 자신의 평정심을 방해한다고 생각했다. 그러나 떠오르는 생각들은 하나같이 회사의 미래를 보장할 만한 탁월한 아이템들이었다. 당장 이것을 가지고 회사에 들어가서 아버지에게 건의해서 사업을 시작해도 좋을 만한 사안들이 많았던 것이다. 그러나 지금 평강은 서둘지 않기로 마음먹었다. '기다리자. 마음을 조용히 가라앉히고 진정으로 내 존재가 들려주는 말을 듣기 전까지는 억지로 상상하지 말자.' 모든 것이 명료해질 때까지 기다려 보자고 마음을 다잡았다.

잡념 제거 센터링

어떻게 하면 이 모든 시끄러운 마음의 소리들을 막고 근원적인 존재의 소리를 들을 수 있을까? 평강은 일단 아무 생각도 하지 않기로 했다. 호흡을 가다듬고 아무 생각도 하지 않고 가만히 있어보니 아버지가 입버릇처럼 말했던 온달 대리가 슬그머니 떠올랐다.

'그 사람은 어떻게 됐을까? 기라성 같은 사람들도 잘려나가는 판인데 그렇게 무능한 사람이 아버지 회사에서 살아남을 수 있을까? 아 이런, 또 잡념이 들었구나. 왜 이렇게 생각이 많지? 난 참 구제불능인가 봐.'

평강은 스스로를 책망하면서 머리를 좌우로 흔들었다. 그런데 이 짧은 순간에 이상한 일을 경험했다. 머리를 흔드는 순간 아무 생각이 나지 않았다. '어! 머리를 흔들 때는 아무 생각도 나지 않네? 왜 그러지?' 그때 자신이 어려서부터 아버지의 꾸지람을 들을 때마다 머리를 흔들며 '아니다'고 울었던 모습이 떠올랐다. 친구들도 다른 애들하고 싸울 때 보면 듣기 싫다고 머리를 흔들며 그만해하였고, 야구선수들도 타석에 들어서서 머리부터 흔들던 선수들이 떠올랐다.

‘그 사람들은 왜 머리를 흔들었을까? 혹시 앞 타석에서 보았던 어떤 구질에 대한 것이나 자신이 원하지 않는 구질을 생각하는 것이 싫어서 흔든 것일까?’ 그러다가 산 아래 마을의 김봉기 할아버지가 떠올랐다. 그 할아버지도 항상 머리를 흔들었는데 그게 체머리인가?

그런데 그 할아버지는 늘 스트레스가 없이 건강하게 사는 것 같았다. ‘머리를 흔드는 것이 아무 생각이 없는 상태를 유지해서일까?’ 머리를 흔드는 것에 대한 이런저런 생각을 하면서 평강은 아주 천천히 자신의 머리를 좌우로 흔들어 보았다. 역시 아무 생각도 할 수 없었다. ‘아, 계속 이러한 상태를 유지한다면 어떻게 될까? 머리 흔드는 것도 보기 싫겠지만 무념 상태로 집중도 할 수 없겠구나. 그렇다면 집중을 하다가 잡념이 들면 그때 흔들면 어떻게 될까? 아, 그때만 머리를 흔들어서 뇌의 무의식에 각인이 되도록 ‘의식-무능력’ 단계를 ‘의식-능력’ 단계로 만들어야겠다.’ 그녀의 의식일기가 이렇게 머리를 흔들어 잡념을 제어하고 본래의 에너지를 움직이는 일에 집중해야겠다는 생각에 머물 때 산골의 밤은 깊어갔다.

두 달 자란 배춧잎은 짙푸르러졌고 배추허리는 몰라보게 굵어졌다. 이제 보름만 지나면 출하할 시기다. 그 사이에 평강은 흔들림 없는 평정심을 유지하는 데 온 마음을 쏟고 있었다. 봉평은 해발 5~600미터 사이에 있다. 평강이 사는 곳은 거기서도 100미터 이상 더 올라야 한다. 그리고 연중 10월부터 이듬해 4월까지는 예고 없이 눈이 오는 곳이다. 인구는 13개 리를 다 합쳐 6,000명 정도가 살고 있으며,《메밀꽃 필 무렵》으로 유명한 이효석의 고향이기도 하다. 실제로 메밀이 잘 자라지만 소득이 신통치 않아 군에서 관광산업 육성 후원금으로 짓기 시작한 메밀농사다. 하지만 8월 말부터 9월 중순까지는 온 동네가 붉은 대궁 위에 소금을 뿌려놓은 듯이 아름답다.

새벽공기는 산삼 익는 냄새가 나고 숲속은 참나물, 곰취 등 산나물이 지천이다. 인심이 후하고 정도 많아 서울에서 요양 겸 남은 생애를 보내려고 정착했다가 세상을 떠날 생각을 잊은 노인이 한둘이 아니다. 여름에는 감자, 가을에는 배추 혹은 당귀나 천궁, 강활 같은 약재들을 구입하려고 서울에서 장사꾼들이 들어온다. 평강의 밭은 그해 작물을 가져가면서 다음해 몫을 선불로 쥐어주며 계약할 만큼 인기가 좋았다. 마을 사람들은 처음에는 낯선 서울처녀와 평범한 노인이 짓는 농사법에 별다른 관심을 보이지 않았다. 심지어 그들은 한약재로 쓰일 당귀, 천궁 강활에도 농약을 많이 쳤다. 그러다가 생명을 소중히 여기는 자연농법으로 농사를 짓는다는 평강에 대한 소문이 마을에 떠돌았다. 그리고 하나둘씩 이들에게서 배워 자연농법으로 농사짓는 사람이 늘어갔다.

어느 날 원길리 이장이 숨을 헐떡이며 찾아올라 왔다. 마을회관에 사람들이 모였는데 아가씨 때문에 아침부터 싸움이 벌어졌다는 것이다. 아가씨처럼 농사를 져야 땅도 살고 사람도 사는 법이라고 아가씨를 따라하겠다는 젊은이들과 약을 치지 않아 벌레가 더 많아져 자기 밭까지 날아와 피해가 크다는 사람들로 갈려 언쟁을 하고 있다는 것이다. 평강은 말 대신 미소를 지으며 이장을 따라 마을로 내려갔다. 회관에 평강이 들어서니 모두 일순 조용해졌다. 그러다가 술에 조금 취한 반대파의 수장쯤 되는 조상필이 목소리를 가다듬으며 점잖게 말을 꺼냈다.

"아가씨의 새 농사법에 젊은이들도 관심을 많이 갖고, 서울서 중간상인들도 많이 오니 좋긴 한데, 이상스럽게도 약을 안 치는 땅에는 벌레가 덜 끼고 그 벌레들이 다른 밭으로 간단 말이여. 우리는 아가씨처럼 땅을 묵혀서 지력을 회복시킬 여유가 없구면요. 한 해 농사짓지 않으면 애들 학비하고 농협 이자 감당할 길이 없어요."

그런 식으로 농사를 지으면 안 된다는 자신의 오랜 신념을 강요하고 있었다. 이때 평강이 잔잔한 미소를 지으며 차분하게 대답했다.

“아저씨께서 원하시는 농사는 어떤 것이에요?”

그러자 조상필은 한껏 목을 빼며 말했다.

“애, 작물들이 건강하고 소출이 많고 가격을 많이 받아서 모두가 잘사는 것이지요.”

순간 박수가 터져 나왔다.

“그런데 저 때문에 어려운 것이 무엇이죠?”

평강이 침착하게 되물었다.

“아, 아가씨가 풀을 함께 기르면서 벌레가 더 많아졌고 그러니 약을 더치게 되어 하나라도 좋을 것이 없죠!”

평강은 어떤 감정의 동요도 없이 말한다.

“아, 네. 그런 것 때문에 그러셨군요. 농약이 좋지 않은 것은 모두 아시죠?”

모두가 순박하게 “네” 하고 대답했다.

“만약에 농약을 안 치고 소출을 더 올릴 수 있다면 어떻게 하시겠어요?”

사람들은 약속이나 한 듯 똑같이 대답했다.

“아, 그러면 소원이 없죠. 농약대도 장난이 아니고…….”

그러자 저쪽구석에서 혼자 막걸리 잔을 기울이고 있던 김규집이 나보란 듯 일어서며 말했다.

“난 농협 빚이 2억이요. 농협서도 날 가지고 함부로 못한다니께. 내가 죽어버릴까 봐. 농협 들어가면 직원들이 나를 얼마나 반기는 줄 몰러."

옆에서 듣고 있던 아내 한무숙이 오금을 박았다.

"그게 당신이 잘나서 그런 것이여! 돈 떼먹고 죽을까 봐 살살 달래는 게지!"

누군가가 거들었다.

"빚도 재산이여! 염씨네 부인은 농약 때문에 고생 많이 했잖 아요! 일손 없으니께 매일 약치는 거 줄 잡아주다가 자궁암 걸 렸잖여."

또 한쪽에서 누군가가 한술 더 뜬다.

"그거 두었다가 홧김에 마시고 죽은 사람은 또 한둘이여?"

평강이 소란스런 분위기를 정리했다.

"자, 모두의 이야기를 들어보면 농약이 좋지 않다는 것은 만 장일치네요! 제가 어르신들께 하나만 더 여쭐게요! 농약을 쳐야 만 하는 이유가 뭐예요?"

벌레 때문이라는 소리가 똑같이 나왔다.

"만약 농약 안 치고도 소출을 올릴 수 있다면 그렇게 하시겠 어요?"

"아, 거야 두말하면 잔소리지."

평강은 마치 소크라테스가 제자들을 모아놓고 진리를 규명하기 위해 문답을 하듯 대화를 풀어나갔다.

"그러면 벌레는 왜 찾아올까요?"

누군가 힘없는 목소리로 말했다.

"그것도 먹고 살려고 오는 것이겠지 뭐."

평강이 묻는다.

"만약에 채소가 건강하고 힘이 있다면 벌레가 만만하게 볼까요?"

또 다른 누군가가 말한다.

"아, 벌레가 그런 게 어딨시요? 아무거나 먹지요."

"그러면 왜 농약을 치지 않은 저희 채소는 벌레들이 덜 덤벼들고 농약을 뿌리는 밭엔 계속 벌레들이 덤벼들까요? 그런 생각 해보셨어요?"

"아, 그러고 보니까 진짜 그러네."

"여러분, 모든 생명은 자기를 지켜내는 힘을 가지고 있어요. 우리가 심고 가꾸는 농작물이 건강하려면 어떻게 해야죠?"

계속 듣고만 있던 이장이 한몫 거들었다.

"아, 땅이 건강해야죠!"

"땅이 건강하려면 어떻게 해야죠?"

"아, 약 치지 말고 거름 충분히 하고 땅을 쉬게 해줘 지력을 회복시켜야죠."

"맞습니다. 그렇게 해야 돼요. 와! 우리 이장님 최고시다! 본래 땅은 모든 생명이 자라도록 자기를 열어줍니다. 그러나 화학비료와 온갖 농약으로 땅을 죽이면 땅도 우리의 생명을 지켜주지 않습니다. 우리가 살아가기 위해 이렇게 농사를 짓고 있지만 만약 우리가 뿌리는 온갖 제초제와 농약을 친 작물 때문에 도시에 사는 우리의 자식들이 병들어 죽어간다면 어떻게 하시겠어요?"

"아, 거야 알고 있는디……. 우리가 쌓아놓은 돈이 있어서 땅을 묵힐 처지도 아니고. 아, 누가 말 좀 해봐요?"

말문이 막혔는지 이장은 주위를 두리번거리며 누군가가 대신 나섰으면 하는 눈치였다. 때마침 원길2리 이장을 맡고 있는 한상조가 '으흠' 하고 목소리를 다듬고는 한마디 한다.

"에……, 당장은 먹고 살아야겠지만, 우리도 저 아가씨가 농사 짓는 것을 보았으니 할 말이 없는 뱁이여. 서울 사람이라도 먹어보면 다 알아. 농약 안 친 것을 비싸게 받는 것도 사실이고. 한 번에 땅을 다 그렇게 바꿀 수야 없지만 한 3년 터울잡고 한쪽 밭부터 거름만 치고 땅을 묵혀서 해보면 어떻것소."

얼마쯤 현실적인 타개법이 나오는 순간 소문을 듣고 찾아온 봉평면장과 농협조합장이 슬그머니 문을 열고 들어왔다. 사람들은 모두 놀라 자리에서 일어나 그들을 맞이했다. 먼저 면장이 입을 열었다.

"지금 밖에서 이야기를 들었어요. 국민의 건강을 책임진 시골에서 이렇게 자연농법으로 농산물을 경작한다면 우리나라 사람들의 건강을 증진시키고 우리 마을은 청정농산물 지역으로 알려져 지역생활도 풍요로워져 얼마나 좋겠습니까? 저는 반드시 이러한 생각들이 좋은 결실을 맺을 거라고 믿습니다. 저희 면을 대표해서 여러분이 이렇게 자연농법으로 농사를 지으시겠다면 모든 행정적인 지원을 아끼지 않겠습니다."

박수가 쏟아졌다. 이윽고 농협조합장이 마이크를 넘겨 받았다.

"에, 저희 농협에서는 자연농법으로 농사를 짓는 농가들에 대해서 기존의 이자에 대한 저리변경과 추가 대출과 토지회복 기간 동안에 학자금 대출과 같은 모든 지원을 돕겠습니다. 그리고 판매부진시에는 저희 농협이 맺은 계약에 의하여 책임지고 판매망을 인터넷사업으로 확대하여 열어 놓겠습니다. 여러분은 마음놓고 농사지으셔서 우리나라 사람들의 건강을 책임져 주십시오."

제 나름 계산하며 살길을 연구하던 마을 사람들의 분위기는 이러한 합리적인 발상과 생각도 못한 두 기관장의 지원 약속에 사뭇 고조되었다.

“아, 저 아가씨 이름이 평강이라! 그러면 저 아가씨 농사법을 배워서 하려면 저 아가씨를 선생님으로 모시고 교육을 받아야 되것네!”

갑자기 봉평이 대한민국을 책임진 듯한 자랑스러운 표정을 한 마을 사람들을 바라보며 평강은 마음 깊은 곳에서부터 밀려 올라오는 행복을 느꼈다.

그날 평강은 의식일기에 이렇게 기록했다.

‘의식의 완성은 기여로 세상을 아름답게 하고 인류를 건강하게 하는 것.’

봉평에서는 연일 평강이 최고의 화제였고 매일 같이 평강의 산골 별장으로 사람들이 찾아오기 시작했다. 동네에는 새 농사법에 대한 이름이 지어졌다. 마을 사람들은 ‘평강농사법’이라고 불렀다.

새해가 밝으면서 사람들은 ‘평강농사법’으로 감자, 고랭지 배추, 당귀, 메밀과 천궁, 강활 같은 약재농사를 짓기 시작했다. 온 마을이 새 농사법으로 농사를 짓기 시작한 2년 동안은 땅이 지력을 회복하느라 소출이 줄고 풀도 마구 자라 보기에 안 좋았다. 하지만 마을 사람들은 잘 참아냈고 관계기관은 약속을 지켜가며 영농을 후원했다. 그 사이 평강의 교육은 계속됐다. 그리고 3년이 지난 가을부터 땅이 스스로 회복하기 시작하더니 전염병과 벌레에 강한 농작물을 쏟아내기 시작했다. 일손은 많이 가지만 스스로 지은 건강한 농산물을 소비자가 안심하고 먹을 생각을 하니 농부들은 저마다 뿌듯해했다.

이제 사람들은 본래의 순박한 본성으로 돌아가 존중하며 돕는 농촌 사람들의 전형적인 모습을 보여주었다. 아이들은 즐거워하고 노인들은 젊은이에게 칭찬과 용기를 주며 모든 가정이 화목하고 마주보는 얼굴마다 행복한 미소가 떠나질 않았다. 소득도 예전보다 곱절로 늘었고 아예 일 년 전에 예약을 해놓는 거래처도 생겨났다. 면사무소에서 각 농가마다 컴퓨터를 보급해 인터넷으로 자신의 농산물을 올려 주문받고 판매하는 방식으로까지 유통방식이 확대되었다. 어느덧 봉평은 우리나라 사람들이 가장 살고 싶어 하는 곳으로 소문났다.

·

퇴출당한 온달

한편 고구그룹의 만년 대리 온달은 휴대폰 개발기획의 성과를 내지 못한 책임을 지고 퇴출당하고 말았다. 그리고 고향인 봉평으로 내려와 홀어머니를 모시고 농사를 짓고 있었다. 동네 사람들은 그래도 봉평 출신으로 그렇게 힘든 대기업에 들어가 모두가 부러워하고 자랑스러워했는데 막상 온달이 퇴출당하자 그의 성품을 언급하며 폄훼했다.

"쟈는 애는 착한데 악바라지질 못해서……. 쯧쯧, 그런 큰 회사에선 살아남기 힘들지……."

"내 쟈는 오래 못 버틸 줄 알았어. 원래 심성이 무른 애들이 무능혀."

"회사생활 잘하려면 머리도 빨리 돌아가고, 아부도 좀 해 사람 비위도 잘 맞추고, 다른 사람하고도 싹싹하게 잘 지내고, 밑에 부하들도 잘 돌봐주고 분위기도 올려주고 뭐, 그래야 하는데, 쟈는 앞뒤가 원체 꽉 막혔잖아."

"아휴, 누가 쟬 좋아하겠어. 착하고 성실하기만 했지, 회사생활은 머리가 좋아야 돼. 성품 가지고 누가 밥 먹여줘?"

"으이구, 잘 됐지 뭐. 공기 좋은 시골에 와서 지 엄마하고 속편하게 농사나 지으면서 살면 됐지."

"아직까지 샥시도 못 얻었나봐, 아유 답답해. 내가 답답하니 회사의 높은 분들이 쟤를 보면 얼마나 속 터졌겠어?"

모두가 자기만의 잣대를 들고 온달을 난도질했다. 온달은 본래 말이 없고 온순한 안정적인 성향을 가진 사람이라 남들이 뭐라 해도 그냥 웃어넘긴다. 하지만 올해 일흔을 바라보는 노모는 시장에만 나가면 자기를 위로해준답시고 한 마디씩 던지는 소리가 싫어 웬만하면 나가질 않았다. 오랜만에 고향에 내려온 온달은 마음이 한가롭고 편했다. 내색은 안 했지만 매일 빠른 업무 처리를 요구하는 신 과장, 완벽한 서류를 만들라고 하루도 빠짐없이 다그치던 조 부장, 자신에게 눈길 한 번 안 주고 매몰차게 등 돌리던 강 상무. 온달에겐 너무나 감당하기 어려웠던 상대들이었다. 무엇을 해야 할지 몰랐고 어떻게 해야 하는지도 가르쳐주지 않던 회사생활이었다. 대학에서 공부한 것과는 달리 현장에서 필요한 모든 것들을 새롭게 배워야 했다. 전적으로 홀로서기 위해 온갖 노력을 다했지만 어찌된 영문인지 온달은 사람과 일 모두로부터 멀어지고 말았다. 오죽하면 그룹 회장까지도 말 안 듣는 자기 딸을 바보 온달에게 시집보낸다는 말을 했을 정도로 그룹 전체에서 무시당하고 살았던 세월이었다. 고향에 돌아온 온달은 아무 걱정도 없었다. 자기 힘으로 농사를 짓고 스스로 열심히 일하면 먹고 살아갈 수 있었다. 온달 모친은 아들의 귀향으로 여러모로 좋았지만 못내 아들이 걱정되었다. 힘들게 돈 들여 어려운 공부를 마쳤지만 이렇게 시골에서 농사나 짓고 있으니 어떤 처녀가 시집을 오겠는가. 한 해 한 해 나이는 들어가고. 아이고, 어떻게 하나? 어미 된 마음이 편하지 않았다.

온달과의 첫 만남

평강은 농협에 일이 있어서 통장정리를 할 겸 들렀다가 사람들이 하는 말을 우연히 들었다.

"쟈가 온달이나? 온달이 맞네, 아 맞네, 쟈가 갸네. 회사에서 일 못한다고 짤렸디야."

"생긴 거는 순하게 생겼잖여. 서울서 공부도 제법 했는가봐. 그런데 왜 잘렸나 모르겠네!"

평강은 이런 온달에게 연민을 느꼈다. 아버지 평원 회장이 자신이 발버둥치고 울 때마다 시집보낸다던 그 사람이 바로 저 사람이구나! 저 사람 고향이 하필이면 봉평일 줄이야. 참 묘한 인연이었다. 대기석 한쪽에 앉아서 살며시 온달을 보았다. '참 선하게 생겼구나. 체격도 건장하고. 그런데 저 사람은 왜 무능하게 되었을까? 저 사람 속에도 자신만이 할 수 있는 남다른 능력이 있을 텐데! 무엇일까? 저 사람의 능력은 무엇일까? 저 사람의 탁월함은 무엇일까? 저 사람이 갖고 있는 풍부한 자원들은? 저 사람은 자신 속에 태양이 빛나고 있음을 알고 있을까?' 이런 물음을 따라가다가 무심결에 온달과 눈이 마주쳤다. 온달은 눈에 띄게 이지적이고 세련된 미모의 한 여인을 보더니 놀라는 표정이었다. 하지만 이내 얼굴이 약간 붉어지더니 문을 열고 나갔다.

•

본 성 에 집 중 하 라

집에 돌아온 평강은 저녁을 지어먹고 늘 다니던 오솔길을 따라 걸었다. 그러나 마음은 낮에 만난 온달에게 가 있었다. '아, 내가 왜 그 사람을 생각하고 있지!' 얼굴이 약간 달아올랐지만 가파른 오르막길에서 마음은 다시 길바닥을 집중한다. 오르막을 오르고 다시 평탄한 길이 나오자 마음은 자신도 모르는 사이에 온달에게 다시 가 있었다. 그녀는 요즘 마음의 본성에 관해 알아가는 중이었다. 본성이 왕이라면 생각은 신하다. 신하가 왕의 말을 잘 들을 때에는 나라가 평안하지만 신하들이 왕의 말을 잘 듣지 않고 자기감정과 욕망대로 하면 나라는 혼란에 빠진다. 왕은 하나이지만 신하는 여럿이다. 왕은 변하지 않지만 신하들은 언제라도 변할 수 있다. 신하들이 자기 멋대로 하고 왕의 말을 듣지 않는다면 자신의 본성대로 살지 못하게 된다. 본성은 여러 가지 성품과 가치를 가지고 있다. 사랑과 자유, 선호와 도움, 치료와 회복과 같은 가치와 기쁨과 평화, 안온함과 여유 같은 감정적인 요소들을 가지고 있다. 이러한 본성이 왕이다. 왕의 눈으로 세상을 보아야 한다. 왕은 세상을 보는 눈이 다르다. 평강은 본성의 눈으로 세상을 봐야지 생각의 눈으로 세상을 보면 너무 끌리는 것이 많다는 것을 깨달았다. 아직 본성대로 보는 힘이 약한데 떠오르는 생각을 쫓아다니다 보면 본성은 가려지게 되고 그 생각들은 대부분 자신의 욕망을 따라다니는 것을 발견했다. '아, 어떻게 하면 본성으로 세상을 바라보며 어떻게 해야 본성대로 살아갈 수 있을까?' 평강은 자신이 생각하는 것을 관찰하기 시작했다. 생각이 떠오를 때마다 그 생각들이 자신의 본성에서 나오는 것인지 생각에서 나오는 것인지 관찰하기 시작했다. 이런 관찰이 계속되자 평강의 무의식에는 전혀 경험하지 못했던 새로운 의식이 형성되었다. 그것은 평강의 뇌가 스스로 알아서 자신의 본성으로부터 나오지 않는 생각을 차단하고 본성의 빛에 집중하고 있었다. 이 놀라운 경험 앞에서 평강은 자신도 모르게 마음이 가벼워지고 말할 수 없는 평온과 희열을 느꼈다. '의도적인 관찰만 했을 뿐인데, 본성을 놓지 않으려고 계속 본성에 집중했을 뿐인데, 과거의 욕구와 쾌락의 경험을 따르지 않고 본성에 충실하려고 했을 뿐이었는데 어느덧 무의식 능력의 궤도에 올라 있는 자신을 발견하게 된 것이다. 이제 평강의 말은 거침이 없었고 어느 누구에게나 무엇에나 막힘이 없었다.

평강의 입에서는 지식이 아니라 지혜의 말이 나왔고 사람들은 평강의 한 마디 말에도 감동을 받고 자기를 돌아보게 되었다.

·

코치 마인드

평강이 순수하고 맑은 본성으로 자신의 마음을 비추기 시작하자, 평강을 만나는 사람은 누구나 행복해지고 마음의 자유로움을 얻으며 감정의 굴레가 벗겨지면서 앓던 병이 없어지는 일들이 생겨났다. 마을 사람들은 평강에게 한없는 존경과 감사의 마음을 보내며 어느새 평강을 선생님으로 불렀다. 자신의 본성대로 마음이 움직이기 시작하자 평강은 지극한 자유와 더 없는 사랑을 느꼈고, 얼굴에는 온유한 미소가 가득했다. 평강은 자신의 마음이 자꾸 온달을 떠올리는 것을 바라보면서 그를 도와야겠다는 생각을 했다. '어떻게 하면 그를 도울 수 있을까? 그는 내 도움을 받으려 할까? 그를 도와 무엇을 하게 할 것인가? 그가 가진 강점이나 탁월함은 무엇인가?' 이런 생각을 하니 입가에 은은한 미소가 엷게 번졌다. 평강은 자신의 머릿속에서 온달의 미래를 그려보기 시작했다. 아마 그 사람이 고구그룹의 후계자가 된다면 온 세상이 떠들썩할 거야! 온달 회장! 온 회장, 아 보기좋았다. 온화한 사람, 온전한 사람, 온순한 사람, 통달한 사람, 달관한 사람, 달변에 달 같은 빛을 내는 은은한 사람, 아 너무 좋았다. 평강의 뇌리 속에는 온달에 대한 새로운 이미지를 체인징하며 과거부터 들었던 온달에 대한 모든 소문을 떠올렸다. 자신의 왼쪽 옆에는 바보 온달 대리가 있었으며 오른쪽 옆에는 고구 그룹의 새 회장 온달이 있었다. 왼편 온 대리는 자신의 뇌의 좌측 부위에 있고 온 회장은 우측 뇌에 있음을 발견하자 평강은 순간적으로 뇌의 정보를 처리하기 시작했다. 우측 뇌의 온 회장의 그림을 점점 더 크게 만들어 좌측으로 확대시키기 시작했다. 자신이 울 때마다 들었던 그 온 대리의 이름이 자신의 아픔과 맞물려 있는 한구석의 저항을 발견했다. 새 그림으로 밀어넣을 때마다 누구도 위로해 주는 사람 없이 어두운 책상 밑에 쪼그리고 앉아 울고 있는 자신을 발견한 것이다. '아, 저 사람의 그림이 내 상처와 연관되어 있었구나!' 밀려나지 않는 과거의 아픔을 발견하면서 평강은 자신의 고통스러웠던 모든 사건과 정보들을 떠올렸다.

내 몸 가운데 어느 곳에 이 상처의 핵심이 들어 있을까? 호흡을 고르게 하고 자신의 몸을 머리부터 스캔해서 내려가다 보니 목으로부터 아래로 7.5cm, 그 자리에서 좌측으로 7.6cm 방향의 자리에 뭉쳐 있는 에너지가 있음을 발견했다. 아 고방혈 속에 에너지가 뭉쳐 있었구나. 아주 오랜 빛바랜 상처 같았는데도 내 깊은 몸 가운데 살아 있었구나. 그러면 이것은 실체인가? 살아 있는 에너지인가 아니면 그냥 생각 속의 정보에너지인가? 다시 한 번 숨을 천천히 들이 마시면서 숨을 배꼽 속 주변에 모았다가 천천히 아주 길게 내쉬었다. 고방혈에 마음을 모으고 자신의 고요하면서도 사랑 가득한 본성으로 그 자리를 들여다보았다. 쉽게 다니지 않았던 회로인지라 처음엔 목 주변에서 빛이 머물렀다. 다시 자신의 본성에 생각과 뜻을 맡기고 본성이 하는 대로 그냥 두었다. 인간을 만든 우수 본래의 성향의 빛줄기가 머리 위에서부터 복을 타고 내려와 상처 난 자리에 머물렀다. 빛이 내려온 그곳에는 아무것도 없었다. 어떤 상처도 문자도 그림도 없었다. '아, 아픈 기억이 내 몸에 흔적을 만들었구나! 아픔의 본질은 정보일 뿐 실체는 아니었는데 사람들은 이렇게 자신이 만들어 놓은 정보의 덫에 걸려 이렇듯 아파하는구나!' 그렇게 깨닫는 순간 그곳에 느껴졌던 통증이 사라지고 평온함이 흘렀다. 감정으로 고통 받는 모든 것은 과거의 생각에 대한 정보일 뿐, 이미 고통은 사라진 것이다. 그때의 아픔이 지금까지 있는 것은 아니다. 그 생각을 아직도 간직하고 살기 때문에 지금도 고통스러운 것이다. 아픔은 없다. 아픔에 대한 생각이 있을 뿐이다. 그런데 진짜 마음과 몸이 아픈 사람도 있다. 그들은 계속 아프려고 한다. 그들이 아픔을 버리지 못하는 것은 아픈 자리를 떠나기 싫어하기 때문이다. 평강은 자신의 본성으로 마음을 비추고 본성으로 흔들리지 않는 마음의 확실한 자리를 보았다. 자신의 순수한 본성으로 아픔을 들여다 볼 때 아픔까지 사라지는 놀라운 세계를 경험하게 되었다. 아주 깊고도 큰 울음으로 숨겨놓았던 마지막 본성의 굴레마저 풀리는 순간 평강은 진정한 자유를 느꼈다. 그 마음을 사용하는 법은 본성에 따라서 움직여야 하는 것임을 깨달았고 평강은 그 순간부터 어느 무엇에도 매이는 것이 없었다. 마음을 사용하는 법을 배우자 평강은 자신이 무엇을 해야 할지를 알게 되었다. 다시 평강은 머릿속에서 온 대리의 과거와 미래에 대한 그림을 그려보았다. 여전히 과거의 무능한 온 대리는 왼쪽에 온 회장의 그림은 우측 자리에 있었다. 평강은 과거 온 대리에 대한 생각을 떠올렸지만 평강의 마음에 어떠한 장애도 남아 있지 않았다. 아주 쉽게 평강의 머릿속에는 온 대리의 미래에 대한 그림으로 가득 채울 수 있었고 어떠한 감정적인 두려움이나 부정적인 장애도 없었다. 이런 확신이 들자 평강은 빠른 시간 내에 온달을 만나리라는 생각으로 마음을 정리하고 잠이 들었다.

며칠 뒤 온달의 집을 수소문한 평강은 원길리를 지나 산 넘어 옛 화전민들이 살던 전나무골을 찾아 올라갔다. 산속 깊은 곳에 집 한 채가 있었다. '이런 곳에도 사람이 살고 있었구나!' 평강은 조심스럽게 "안에 계세요?" 하고 불렀다.

"누구요."

온달의 모친인 듯한 노인이 나왔다. 눈이 침침한지 찌푸린 얼굴로 평강을 바라보던 노인은 산중을 찾아온 단아한 처녀의 모습에 적이 놀란 모양이었다.

"누구요? 처자가 어떻게 이런 곳에 나타났어? 대체 누구여?"

평강은 다소곳하게 웃으며 말했다.

"어머니 저는 저 건너 원길리 산 속에 사는 평강이라고 해요, 혹시 여기가 온달 씨 댁이 맞나요?"

"맞긴 맞소만 대체 뭐하는 사람이여? 여긴 왜 왔수?"

노인은 계속 놀라움과 당혹스러운 표정을 감추지 못하며 급하게 말했다. 평강은 회사 다닐 때부터 온달을 알던 사람인데 자기도 이 근처에 내려와 살면서 온달의 소문을 듣고 만나보고 싶어서 왔노라고 말했다. 그제야 마음이 놓이는 듯 노인은 온달은 지금 장에 가고 없다고 했다. 평강은 언제 돌아 오냐고 하면서 들어가 기다리면 안 되겠냐고 물었다. 노인은 썩 내키지 않은 표정이었지만 아들과 한 회사에 다녔다는 말에 평강을 방으로 들였다. 집 안은 여느 시골집과 비슷했다. 그리고 사람 좋아 보이는 온달과 노인이 잔치 때 함께 찍은 듯한 빛바랜 사진들이 벽 중간을 장식하고 있었다. 노인이 부엌에서 무엇을 준비하려는 듯하자 평강은 자신이 먼저 냉장고 문을 열어 마실 것을 노인에게 따라 드렸다. 노인은 생면부지 아리따운 처자가 왜 자신의 집에 나타나서 이런 행동들을 하는지 알 길이 없었지만 시간이 지날수록 평강이 살갑게 느껴졌다. 한 시간쯤 지나자 오토바이 소리와 함께 온달이 돌아왔다.

"엄니, 누가 왔어요?"

평강이 먼저 문을 열고 나가 미소를 띠며 목례를 했다. 온달은 누군지 알 수 없다는 표정을 지으며 누구시냐고 물었다. 평강은 천천히 알게 될 것이라며 온달을 들어오게 했다. 멀뚱한 표정으로 앉아 있는 아들을 보고 노인이 물었다.

"아, 모르는 사이여? 이 처자는 너하고 같은 회사를 다녔다는

디, 어째 몰라?"

"어, 같은 회사를 다녔어요? 전 전혀 모르겠는데……."

"그럼 뭐여, 이 처녀가 귀신이여?"

평강은 웃음과 함께 손사래를 치며 말했다.

"아니에요, 제가 다른 부서에 근무해서 온달 씨는 저를 모르지만 저는 온달 씨를 많이 봤어요."

그러자 온달은 쑥스러운 듯 고개를 약간 돌리며 말한다.

"하긴 우리 회사에서 나 모르면 간첩이죠, 뭐."

"앞으로 제가 해야 할 일이 좀 있는데 온달 씨가 저를 좀 도와주실래요?"

온달은 내심 마음이 끌렸다.

"그게 뭔데요?"

"아무튼 저를 좀 도와주시면 돼요. 오늘은 이만하구요, 저 좀 데려다 주세요."

온달은 당연하다는 듯 오토바이로 평강을 데려다 주었다. 처음으로 남지의 등 뒤에서 굵고 단단한 허리를 껴안고 가는 것이 밋쩍기는 했지만 그녀의 마음은 야릇하면서도 편안했다. 평강을 내려준 온달이 물었다.

"혹시 마을에 소문난 평강 선생님이세요?"

화사하게 웃는 평강의 얼굴을 보던 온달이 말했다.

"그렇지 않아도 선생님 한 번 만나 뵈려고 했는데."

"어째서요?"

"회사에서 잘려 시골에 내려와 있지만 저는 지낼 만한데 어머니가 하루가 멀다 하고 동네 창피해서 못 나가신다고 해 너무 불편했어요. 마을 사람들이 선생님을 만나면 그렇게 편안해지고 몇 마디만 이야기를 나눠도 걱정하던 문제들이 풀린다고 해서 저 역시 선생님을 한번 만나봤으면 하는 생각을 했지요. 답답하기도 하고. 전, 선생님이 이 무슨 점쟁인 줄 알았어요! 이렇게 예쁘신 분이 같은 회사에 계셨는지 몰랐어요!"

"온달 씨도 그런 고민이 있으셨군요. 그러면 내일부터 제 집에 오셔서 일 좀 도와주시고 저하고 말씀을 나누시면 어떻겠어요?"

"예, 그렇게 할게요."

온달은 그렇게 대답하고 집으로 돌아가 노인에게 이러저러한 일이 있었노라고 말해주었다. 다음날 온달은 조금 들뜬 마음으로 평강의 집으로 오토바이를 몰았다.

평강은 온달에게 감자밭에 감자 모종을 부탁하고 그가 일하는 모습을 종일 지켜보았다. '저 사람이 가진 자원은 무엇일까? 저 사람의 탁월성은 어디에 있을까?' 평강은 온달에 대해 메모를 하기 시작했다.

그는 성실하다. 체력이 그의 근면함을 바쳐주고, 자기에게 주어진 책임을 감당할 줄 안다. 자신에 대한 타인의 비난이나 책망에도 감정적으로 반응하지 않는다. 진중한 평온함이 있고 남의 마음을 헤아리는 배려심과 보기 드문 고운 심성을 가지고 있다. 영민하지도, 꾸준하고 솔선하는 리더의 시각도 없지만 맡은 일은 끝까지 해낸다. 필요한 말만 하지만 몸의 언어에는 아주 민감한 듯하다. 배고픔과 잠과 필요한 기술적인 장비와 같은 것에는 눈이 밝다. 대기업의 기준으로 무능하다는 판정을 받았을 뿐, 그에게만 있는 남다른 능력과 자원들이 많다.

'아, 만일 저 사람의 잠재력을 일깨워줄 코치가 있었다면! 그에게 업무와 목표에 대한 동기를 부여하고 함께 이끌어줄 선배가 한 사람이라도 있었더라면 과연 저 사람이 무능했을까? 과연 저 사람이 잘렸을까?' 평강은 온달의 이러한 긍정적인 자원들을 발견하고 이제는 그의 단점을 찾아 메모했다.

그는 목표의식이 없다. 시키는 대로만 하려고 하지 이러한 상황이 왜 만들어졌고 그러면 자신이 할 일은 무엇이고 우리는 앞으로 어디로 가야 하고 무엇을 해야 하는지에 대한 의식이 없다. 또한 다른 사람에게 무엇을 물어보려고도 하지 않는 소극적이고 갈등과 대립 없는 환경에 안주하는 안정지향이 문제다. 대인관계에서도 조금이라도 자신을 압박하거나 질책하는 사람에 대해서는 두려움과 불안감을 느껴 그들을 회피했을 것이고, 내일에 대한 계획보다 그날이 그날인 식으로 일했을 것이다. 먹는 것과 자는 것을 즐기며 일보다는 욕구에 민감하고, 한 번에 여러 가지 일이 주어질 때에 처리하는 능력이 떨어져 속도에서도 밀렸을 것이다.

아버지 회사처럼 초스피드의 속도전으로 승부하는 기업에서 온달은 살아남기 힘든 사람이었다. 평강은 온달에 대한 코칭 계획을 짜기 시작했다. 맨 먼저 그에겐 꿈이 필요하다고 생각했다. 꿈이 없는 사람은 죽은 사람이다. 꿈이 없는 가정은 분열된다.

꿈이 없는 민족은 망한다. 저 사람의 존재 깊이 감춰진 꿈은 무엇일까? 평강은 잠시 휴식 중인 온달에게 새참으로 떡과 식혜를 내놨다.

"아이 참, 수고하셨어요. 일을 너무 잘하신다. 온달 씨에겐 미안한 질문이지만 만약에 지금 세상을 떠난다면 무엇이 제일 아쉬울 것 같아요?"

"아, 지금 죽는다면요? 생각 안 해봤는데. 어, 아마도 장가 못 가서 어머니께 손주 못 안겨 드린 게 제일 속상할 거예요! 그리고 회사에서 좀 더 잘했으면 쫓겨나지도 않았을 텐데."

·

긍정의 의도를 들어라

평강은 온달의 이 두 말 속에 들어 있는 긍정의 의도를 들어 말해주었다.

"아, 우리 온달 씨는 진정으로 어머니를 사랑하고 위하시는군요. 그리고 회사생활을 잘 해서 나름대로 상무 정도라도 올라가 보고 싶었는데 너무 많은 것들이 어렵고 힘들었나 봐요!"

온달은 자신은 아쉬운 것을 말했는데 평강이 자기의 속마음을 콕 집어 정리해서 말해주는 것을 듣고 물었다.

"그런 것을 어떻게 알았어요?"

평강은 피식 웃음이 나오려는 자신의 입을 가리며 말했다.

"방금 온달 씨가 말 했잖아요!"

"난 그런 말 안 했는데……."

평강은 온달의 얼굴을 정면으로 바라보며 말했다.

"그게 그 애기예요. 사람들이 삐뚤어지거나 거친 말을 하더라도 그 말속을 들여다보면 나름대로 긍정적인 의도를 가지고 있어요, 이것을 긍정의 의도를 듣는 '의도경청(focus, 듣기)'이라고 불러요."

온달은 속 입술로 그 말을 되뇌었다. '긍정의 의도를 듣는다. 아, 그렇다면 신 과장이 매일 자기가 느리다고 혼낼 때 나를 욕한다고만 생각했는데, 이렇게 듣게 되면 다른 말이 되네. 아, 그 사람은 나를 혼내는 것이 아니라 내가 일을 빨리하기를 원했던 것이었구나! 내가 일을 빨리해야 자기도 그것을 바탕으로 추가, 보충하여 보고하고 결재를 받을 수 있었는데, 나 때문에 늦어졌던 거지. 그 사람이 말한 감정만 듣지 말고 그 말의 의도를 들었어야 했는데.' 이런 자각이 들자 온달은 얼굴이 밝아지며 평강에게 자신의 생각을 말했다. 평강은 적이 놀라는 표정이다.

"아니 어떻게 그런 생각을 할 수 있었어요? 온달 씨 대단하시다.”

그녀는 진정으로 놀랐다. 이 사람이 무능한 것이 아니라 온달의 잠재력을 아무도 깨우쳐주지 못했던 것이라는 사실을 새삼 깨달았다.

“온달 씨, 그러면 내가 질문 하나 더 할게요. 괜찮아요?”

“아, 저는 평소에 질문 받는 것을 아주 싫어했어요. 생각을 많이 해야 해서요. 그런데 이런 질문은 쉽고 재밌는데요!”

“아까 온달 씨가 어머니께 손자를 안겨드리고 회사생활 잘해서 상무라도 해봤으면 좋겠다고 그랬죠?”

“네.”

“그 둘 중에 어떤 것이 더 중요하세요?”

“지금 결혼을 안 했으니 손자를 안겨드릴 수도 없고, 누가 나한테 시집올 여자도 없고, 상무는커녕 회사에서 잘렸으니 둘 다 지금은 어렵네요!”

“온달 씨, 제가 온달 씨에게 드린 질문이 무엇이었죠? 어느 것이 더 중요하냐고 물었죠? 그런데 온달 씨는 무엇을 대답하셨죠?”

“그리고 보니 난 원하는 것을 말하지 않고 안 되는 것만 말했군요.”

“무엇이 온달 씨에게 그렇게 부정적인 것부터 생각하게 하는 습관을 만들었을까요?”

“글쎄요. 아, 저는 무엇을 하려는 의지보다 그것이 안 되는 이유가 더 많았어요!”

“안 되는 것에 이유를 둔 원인은 무엇이라고 생각하세요?”

“되는 것을 말하면, 그것을 해야 하니까 일이 귀찮았던 것 같아요!”

“아, 귀찮다. 귀찮아서 하지 않으면 어떤 것이 온달 씨에게 좋아요?”

“아, 그거는요. 잠도 더 많이 자고, 더 많이 쉴 수 있고…….”

“솔직하게 말해주셔서 감사해요. 회사생활에서도 그런 마음을 똑같이 가졌었나요?”

“네, 처음에는 열심히 하려고 잠을 줄이며 노력했는데 자꾸 욕만 먹자 주눅이 들어서 아예 포기해버린 것 같아요!”

“그 결과가 어떻든가요?”

“결국 이렇게 됐지요.”

그 순간 온달은 내면 깊이 불안정한 채로 덮여져 있던 자신의 귀차니즘을 발견했다.

이 귀차니즘의 뿌리는 무엇일까? 난 왜 이렇게 살아야 할까? 순간 자신이 싫어졌다. 온달의 표정에서 무엇인가 말 못할 괴로움을 알아챈 평강은 동시에 그가 두 번째 손가락으로 코 옆 들어간 부분을 긁는 것을 보았다. 인체 경혈점 가운데 양명대장경과 관련된 일차적 종착점 코 옆의 움푹 들어간 자리 영향. 영향점은 무기력과 절망의 부정 에너지가 몰려 있는 포인트다. 사람들은 잘 모르거나 무기력하면 코 옆이 가려워오면서 자신도 모르게 긁게 된다. 일찍이 AK(Applied Kinesiology-응용운동학, 응용근신경학으로 근육을 테스트하여 근육과 인체기능의 불균형을 찾아내고 교정하는 대체의학의 치료법) 공부를 한 평강은 온달의 손이 코 옆을 긁는 것을 보고 그가 이런 부분에서 무기력함을 발견했다. 온달의 마음은 지금까지는 무기력한 것이었다. 무기력함을 보이는 사람에겐 더 이상 추궁하거나 핀잔을 줄 것이 아니라 그의 마음을 편안하게 해 주고 전혀 다른 각도에서 생각해보도록 유도하거나 혹은 그가 과거에 성공했거나 극복했던 방법들을 유사한 경험으로 발견하도록 돕는 것이 좋은 기법이다. 평강은 그에게 부드러운 얼굴빛으로 가까이 다가가 물었다.

“온달 씨 오늘도 그렇게 귀차니즘으로 일하셨나요?”

“아니요. 아주 즐겁게 일했어요!”

“그렇다면 어떤 게 온달 씨를 즐겁게 했어요?”

“네, 그러니까 오늘은 제가 어디까지 감자를 심어야 하는지 목표가 정해져 있었고, 또 아가씨가 아니 선생님이 이렇게 옆에서 같이 있어주고 맛있는 것도 챙겨주니까 행복하고 즐거워서 정신없이 일했던 것 같아요, 허허.”

“그러면 회사의 일과 감자모종과 어떤 차이가 있나요?”

“회사 일은 제가 부족한 것이 많았고 감자모종은 똑같이 심기만 하면 되는데요, 뭐.”

“같은 일 반복하는 게 귀찮지 않았어요?”

“아니요, 전 이렇게 간단한 것을 반복하는 일들이 아무 생각 없이 할 수 있어서 마음이 편해요.”

전형적인 S형(stable-안정형 성향).

“이런 일을 오래하면 어떻게 돼요?”

“뭐, 이 분야엔 달인이 되겠죠. 왜 그 텔레비전에 〈생활의 달인〉 이런 코너도 있잖아요. 전 그 사람들 보면 남 같지 않게 형제 같고 나도 어디서 많이 해본 것 같은 자신감이 들어요. 아주 웃기는 일이에요.”

“자기가 생각해도 웃겨요?”

“네, 달인이라는 말 너무 좋아요. 하하하.”

온달은 모처럼 소리 내어 웃었다.

“자, 우리가 지금 무슨 이야기를 하고 있었죠?”

“그런데, 선생님. 일 마저 해야 되잖아요. 이렇게 이야기만 하면 되나요?”

“아니에요. 식사하시고 바로 일하면 힘드니까 조금 더 쉬세요.”

온달은 이제 생각났다는 듯 말했다.

“저, 선생님. 아까 둘 중에 어떤 것이 더 중요하냐고 물으셨잖아요? 사실은 어머니께 손자 안겨드리고 싶네요. 너무 좋아하실 텐데.”

“아, 그렇군요. 그런데 그게 왜 어려운데요?”

“네에? 진짜 몰라서 묻는 거예요? 누가 저한테 시집을 와요? 서울서 일할 때도 회사 여직원들 중 나한테 관심 있는 사람은 하나도 없었어요. 대학 때도 마찬가지로 미팅도 못했어요. 애들이 데리고 나가지도 않았고요. 언젠가 저도 얼핏 들었는데 우리 그룹 회장님 딸이 하도 아빠 말을 안 들어서 그분이 열 받기만 하면 바보 온달한테나 시집가라고 했다는 말을 들어본 적이 있어요.”

“그렇다고 그런 일이 생기나요?”

평강은 얼떨결에 말은 했지만 순간 얼굴이 달아올랐다.

"그렇게 어려운 것이 있으셨구나. 그래도 빨리 손자를 안겨 드리려면 결혼할 수 있는 방법을 찾아야 되잖아요? 어떻게 할 계획이 있으세요?"

"우선은 제가 돈을 벌어야겠지요. 그래서 집부터 빨리 지어야 해요. 집이 저런데 누가 시집이나 오겠어요?"

·

꿈 찾기 코칭

"그러면 어떻게 돈을 벌 계획이세요?"

"농사질 땅이 조금 있기는 한데 그것 가지고는 어림도 없고. 뭔가 시골에서 제대로 기술을 익혀 달인 정도 되면 돈을 벌 수 있을 것 같은데."

"호호, 달인이라는 말에 필 받으셨나 봐."

"예, 전 그 프로 정말 좋아해요. 언젠간 꼭 한번 그 프로그램에 나갔으면 좋겠어요."

"그러면 어느 분야에 달인이 되고 싶으세요?"

"그것은 아직 깊이 생각을 안 해봤는데. 제가 좀 게으른 편이어서 평소에 생각을 해본 것은 많아요. 예를 들어 영어 공부하기 힘들잖아요."

그러면서 온달은 영어는 물론이고 모든 외국어를 자동으로 통·번역해주는 첨단 번역기, 자동차 운전자의 생각을 읽고 음악을 들려주는 자동음향 시스템, 명령 음성을 인식하고 워드 작업뿐만 아니라 모든 것을 알아서 해주는 인공지능 기기를 만들어내는 달인이 되고 싶다고 했다. 온달이 하고 싶은 온갖 생각을 다 들은 평강이 물었다.

"회사 다닐 때 그런 생각을 누군가에게 말해본 적 있으세요?"

"아니요. 한번 비슷하게 말했다가 부장님한테 네 일이나 잘하라고 야단만 맞았어요."

"그런 생각을 다 해보셨구나! 온달 씨, 지금 우리가 가지고 적절하게 사용하는 이 많은 농기구들은 누가 만들었다고 생각하세요?"

"당연히 필요한 사람이 만들었겠죠!"

"네, 맞아요. 이 농기구도 누군가가 이런 것이 있으면 좋겠다고 생각한 사람이 만들어낸 거겠죠! 왜 필요는 발명의 어머니라는 말도 있잖아요. 온달 씨는 자신의 약간 게으른 성격이 자신에게 이러한 필요를 부른다는 생각을 해본 적 있으세요?"

"아, 그런 생각은 많이 해요. 그런데 현실화시키기까지는 준비할 것이 많으니까 귀찮아서 안 하죠."

"그러면 만일 누군가가 온달 씨에게 먹고 살 걱정 없이 연구비 충분하게 마련해주고 이런 거 연구해서 만들어 내라고 하면 어떻겠어요?"

"에이, 저는 그런 생각만 했지 막상 일을 시켜놓으면 잘 못해요!"

"온달 씨, 지금 이런 일을 하는 것이 자신의 꿈과 연결되어 있다는 사실은 생각 안 해보셨어요?"

"아, 그게 제 꿈이었지요! 와! 그게 가능하다면! 저는 그러면 돈 벌고 원하는 것도 만들고 장가도 가고 아이도 낳아서 어머니도 기쁘게 해드릴 수 있겠네요!"

"그게 다 이루어졌다고 생각하면 기분이 어떠세요?"

"그냥 생각만 해도 좋네요, 허허허! 저는 그러면 달인인가요? 장인인가요?"

"어떤 소릴 들었으면 좋겠어요?"

"전 상무님 소리를 듣고 싶어요. 그 무서운 상무님, 그 높은 상무님, 아 그 자리에 올라갈 수 있다면 얼마나 좋을까?"

"그 상무님은 어떤 상무님이세요?"

온달은 꿈 많은 아이처럼 갑자기 하늘을 바라보며 조금 들뜬 목소리로 말한다.

"인간 내면의 생각에너지를 현실화시킨 생각에너지공학 분야의 최고 전문가 고구그룹의 온달 상무, 아 참 좋다!"

그리고 잠시 후 온달은 회사생활의 어려움과 서러움이 한꺼번에 떠올라 북받쳤는지 눈가에 물기가 고였다.

"온달 상무님, 이제 꿈을 발견하시고 목표가 세워진 것 같은데 어떻게 생각하세요?"

"네, 맞아요. 전 그렇게 살아야 죽을 때 후회하지 않을 것 같아요."

"아가씨, 아니 선생님. 제가 하던 일을 빨리 마칠 테니까 이따가 또 이야기해 주실래요?"

평강은 환하게 웃으며 그러마 하며 빈 그릇을 가지고 부엌으로 갔다. 부지런히 모든 감자 모종을 끝낸 온달은 평강이 손수 만들고 차려준 맛난 저녁식사를 하고 그녀와 마주 앉았다. 마치 아주 재미있는 텔레비전 프로그램을 보려고 기대하는 어린아이처럼.

평강은 그에게 낭귀차를 따라주면서 차에 대한 경위까지 말해준다.

"이 당귀는 우리가 기른 것이 아니고 뒷산에서 따온 산당귀 대궁을 말려 만든 거예요. 드셔보세요."

목 안 가득 당귀향이 따뜻했다. 온달은 눈앞에 있는 평강이 마

치 하늘에서 내려온 선녀 같고 자기는 운 좋은 나무꾼처럼 가슴
이 설레었다. 그러고는 이 순간이 여기서 영원히 멈췄으면 좋겠
다고 생각했다. 평강은 그런 그의 얼굴을 보며 궁금한 듯 물었다.

"무슨 좋은 생각 하시나 봐요, 얼굴이 평안해 보여요."

달콤한 공상을 하다가 들킨 소년처럼 온달은 약간 붉어진 얼
굴로 대충 얼버무린다.

"아, 예. 기분이 좋아서요. 당귀차도 맛있고요. 선생님도 너무
좋아요, 헤헤헤."

·

온달의 긍정 자원 발견

"우리가 낮에 온달 씨의 꿈이 어머니께 손자 안겨 드리는 것이
고, 그 꿈을 이루기 위해서 온달 씨는 생각을 에너지로 전환하
는 생각에너지공학 분야의 전문가가 되고 싶다는 이야기를 했
었죠? 저는 그것을 이루기 위해 전문적으로 연구만 한다면 온달
상무님도 실현 가능할 것이라는 꿈을 온몸으로 느꼈어요! 자,
그러면 우리의 목표를 확실히 정해볼까요? 온달 씨가 한번 정리
해주세요."

안정형은 이렇게 한번 한 것을 다시 자기 입으로 반복하게 해서 단기기억에서 해마로 옮겨 장기기억으로 저장해 놓아야 한다. 이것이 착근하여 회로가 만들어지면 반복 단순기능에 엄청난 에너지를 가지고 있는 안정형은 놀라운 에너지를 발휘하게 된다. 온달은 엄숙하게 자신의 생각을 정리한 듯 '인생목적 선언문'을 선포한다.

"나는 생각을 에너지로 전환하는 생각에너지공학 분야의 전문가가 되어서 누구나 자신이 생각한 대로 이루어지도록 사람들을 도우며 나같이 고통당하는 사람들이 없는 세상을 만들고 싶습니다."

"이것이 온달 씨가 앞으로 살아가야 할 인생목적이 되니 어떠세요?"

"제가 이런 것을 잘 못찾고 또 이렇게 명료하게 하는 일들을 잘 못했어요. 그런데 재밌는 것은 우리 회사에도 저하고 비슷한 친구들이 꽤 많았어요! 그들 중에 조성재 대리하고 오문윤 사원은 저하고 같이 잘렸지요. 그런데 이 친구들도 저랑 비슷한 생각을 많이 했어요. 조 대리는 엄청난 공상가라서 매일 다른 생각을 하다가 욕을 많이 먹었지요. 그 친구는 한 마디로 천재인데 회사하고 안 맞아요. 오문윤이란 녀석은 그림이라면 뭐든지 잘 그려요. 그리고 둘이 앉아 조 대리가 자신의 떠오르는 이미지를 말하면 문윤이는 그림을 그려서 이게 맞냐고 하면 조 대리가 깜짝 놀라곤 했어요. 지금은 둘이 어디서 뭘 하고 있나 모르겠네요. 만일 제가 아까 선생님이 말씀하신 그런 일을 하게 된다면 그 두 친구도 불러 함께 일했으면 좋겠어요.”

평강은 알겠다며 즉시 화답한다.

“아, 그거 좋겠네요. 그들이 어디 사는지 찾아볼 수 있겠어요?”

“예, 옛날 회사 친구들에게 물으면 알 거예요. 찾아볼게요! 제가 좀 편하잖아요. 저를 아주 편하게 생각했어요.”

평강은 피식 웃어주며 친근하게 말했다.

“온달 씨 앞에 긴장하는 사람이 누가 있겠어요? 그리고 온달 씨, 아까 우리가 ‘인생목적 선언문’을 작성하고 선포까지 했잖아요. 그러면 그 꿈이 생각한 대로 다 이루어질 거라고 생각하는 것이 10점 만점에 몇 점쯤 된다고 생각하세요?”

온달은 잠시 주저하더니,

“6점이요”

하고 말한다.

“어머, 6점이나 생각하셨구나. 자신감이 많이 생겼네요. 그런데 10점을 다 주지 못하고 4점을 남겨놓은 이유는 무엇인가요?”

“제가 그런 엄청난 일을 어떻게 할 수 있을지에 대한 두려움하고요. 꿈에 대한 비현실적인 감각, 구체적인 세부예산과 자료, 프로그램 제작관련 기술지원 시스템이나 앞으로의 프로세스 등 계획에 없는 것이 다 들어 있어요. 이런 것이 10점을 다 주지 못한 이유고요. 그래도 6점을 준 이유는, 그러니까 그냥 기분 좋은 것과 선생님을 믿는 것, 그리고 뭐라 딱 집어 말할 수는 없지만 막연한 기대감, 이런 일을 할 수 있다는 생각 뭐, 이런 것들이 긍정적인 요소였던 것 같아요!”

“아, 우리 온달 씨 대단하시다. 이제는 자기의 생각이나 감정에 대해서도 자기인식이 긍정적이고 분명해지셨어요!”

이것이 전형적인 안정형의 강점이다. 아무도 안정형 앞에서 긴장하는 사람이 없다. 그러므로 안정형 앞에서는 하고 싶은 이야기를 다 한다. 안정형은 어떤 말을 들어도 말을 옮기지 않는다. 또 종일 자신에게 재미있는 이야기를 해주는 그런 사람들을 좋아하고 그들의 이야기를 끝까지 경청할 수 있는 능력이 있다. 요즘 같은 세상에 누가 남의 이야기를 들어주려 하는가? 자기 이야기만 하고 남의 이야기를 듣지 못하는 것도 리더의 큰 결점이다. 경청 능력은 온달의 아주 놀라운 강점이다. 이것이 이런 성향을 가진 리더들이 '바람의 카리스마'라고 불려지기를 좋아하는 요소도 된다. 경청을 많이 해주다 보니 남들이 모르는 다양한 고급 정보를 많이 얻게 되고 포용과 조화, 이해와 중용이라는 안정형 최고의 리더십의 요소도 된다. 이 유형의 사람들이 리더가 될 때에는 반드시 이런 요소를 갖출 때 최고의 에너지가 분출된다. 이것이 '성격 유형별 동기가치 요소'이다.

감 정 코 칭

자기감정 인식능력이야말로 인간의 감성지능 가운데 자기 내적 영역에 들어 있는 첫 번째 중요한 요소다. 자기의 감정을 인식할 줄 알면 이미 관찰하는 상태가 된다. 이런 사람들은 자기의 감정을 볼 줄 알기 때문에 감정을 마치 사물처럼 다룰 수 있다. 그러나 자기감정을 인식하지 못하면 감정 속에서 헤어 나오지 못하고 만들어진 감정대로 화내고 공격하고 아무에게나 분풀이를 해대고 혹은 슬퍼하며 우울한 감정의 그늘에서 빠져나오지 못한다. 이런 상태가 지속되면 자살이나 자폐 혹은 각종 중독증으로 도피해서 자기 존재는 물론이고 세상과의 관계를 단절시킨다. 겉으로 드러나지 않지만 수많은 이상행동이나 사회 부적 응자들이 겪는 정신적인 아픔이 이렇게 자기감정을 인식하지 못할 때 만들어진다. 온달은 회사생활 할 때에 자신의 이러한 긍정과 부정적인 감정을 명확하게 인식하지 못하고 쌓이는 스트레스를 회피하기 위해서 무반응과 자라목처럼 움츠리기 전략으로 일관했던 결과로 퇴출당했던 것이었다. 평강은 온달에게 그 존재의 밝음에 대해 한없는 신뢰와 사랑의 미소를 보내듯 묻는다.

"그러면 나머지 안 되는 4점의 요소들을 10점 만점으로 올리려면 우리는 무엇을 해야 할까요?"

온달은 대답을 하면서도 한 가지 말이 마음에 걸린다. '내가 하는 것이 아니고 저분하고 함께 일하는 것인가? 왜 자꾸 우리라고 하지?' 온달의 마음엔 저분과 함께 일한다면 진정 행복하게 일할 수 있을 거라는 생각이 들었다.

안정형은 혼자서 일하는 것보다 아이디어를 함께 나누며 마음 편안하게 해주는 리더가 있어 자신을 끌어주면 일을 더 잘한다. 평강은 안정형인 온달에게 '우리'라는 말 한마디로 최상의 업무환경을 만들어 주고 있었다.

평강은 온달의 얼굴에서 평온함을 감지하고 다시 물었다.

"아까 10점을 다 주지 않은 이유로 두려움이나 부족한 현실적인 어려움들을 이야기 하셨잖아요? 이제 그런 것들을 마저 채우려면 무엇에 집중해야 할까요?"

온달의 성격을 아는지라 평강은 다시 한 개씩 나누어 물었다.

"첫째로 그 두려움을 없애려면 어떤 방법이 있을까요?"

"두려움을 없애는 방법 같은 것도 있나요? 아, 두려움만 없앨 수 있다면 난 많은 일을 할 수 있을 것 같아요."

"두려움이란 어떤 실체가 존재하는 것은 아녜요. 두려움의 바탕이 되는 보다 근원적인 불안이 두려워하게 만드는 거죠. 그 근원적인 불안은 우리가 미래를 알 수 없기 때문에 갖게 되는 유한한 인간의 속성 중 한 가지예요. 덩치 큰 공룡들은 멸종했지만 사람은 아주 오랜 세월동안 거대한 동물들과 싸우고, 자연재해 속에서도 오늘까지 살아남았잖아요? 걱정이 많으니까 불안하고 불안하니까 생각을 해서 대비한 것이죠. 걱정을 하는 것이 유전적인 유산이에요. 지극히 인간다운 것이죠. 그러나 미래가 어떻게 결정될 것이라는 것을 미리 알면 불안이 사라지고 불안한 것이 사라지면 두려움도 사라지겠죠."

"아, 그렇군요. 그래서 저는 회사에 다닐 때에도 내일 어떤 일이 벌어질지 모르니까 항상 불안에 떨고 상사들만 보면 두려워하는 습관이 있었어요. 그냥 성과를 내는 것보다 욕을 안 먹는 것만으로도 다행이라고 생각하는 날이 많았어요. 전 지금도 다

시 회사에 들어가라면 똑같은 두려움에 빠지게 될 것 같고, 그
것만 생각하면 다시 회사로 돌아가고 싶은 생각이 들지 않아
요.”

“그렇다면 온달 씨 마음에서 어떤 두려움도 없어진다면 어떻
게 하실 것 같으세요?”

“글쎄요, 그런 상황을 겪어보지 않아서 지금은 뭐라고 말할
수 없지만 편안하고 담담할 것 같은데요.”

“온달 씨, 이제까지 살아오면서 가장 편했던 시간은 언제였지
요?”

“그야 잠잘 때와 밥 먹을 때였어요. 목욕을 갔을 때나 낚시할
때 이럴 때는 두려움이 없었어요. 제일 편했죠.”

“아, 보편적으로 쉬거나 놀 때 편했었군요. 그렇다면 놀 때와
일할 때에 어떤 생각의 차이가 있을까요?”

“아, 놀 때는 기대하는 바가 없잖아요. 그냥 생각 없이 먹고 아
무것도 안 해도 되고, 어떤 결과를 만들어내지 않아도 상관없지
만 일할 때는 반드시 주어진 목표를 달성하거나 상사가 원하는
어떤 계획들을 세우고 모든 것이 정확하고 완벽해야 한다는 엄
청난 부담감이 있잖아요.”

“듣고 보니 온달 씨가 언제나 두려움만 있는 사람은 아니었군
요.”

"아, 그러네요. 제 마음이 편안한 상태에서는 두려움이나 불안이 없네요. 사람들이 항상 제가 겁도 많고 모자라다고 말해서 전 매일같이 두려움에서만 살았어요. 제가 정말 100퍼센트 그런 두려움으로 꽉 찬 사람인 줄 알았는데, 더 많은 시간을 편안함 속에서 살았네요. 아, 뭔가 정리가 되는 것 같아요. 저 자신에 대해. 아가씨, 아니 선생님. 그렇다면 제가 편안하게 일할 수 있는 회사나 어떤 동기, 혹은 특수한 상황이 만들어진다면 저도 편안하게 회사생활을 잘할 수 있는 사람이겠네요?"

"그렇죠, 지금 이런 말씀을 제게 하시는 동안 무엇을 깨달은 것이 있으셨나요?"

"아, 두려움이란 것이 항상 있는 것이 아니고, 있다가 없다가 한다는 것을 알게 된 것이 첫 번째인데요. 결국은 아무것도 아닌 것에 마음을 많이 빼앗겼다는 것이었어요. 그러니까 내가 선택하고 내가 상황을 만드는 것에 따라서 두려움 없이 살아갈 수 있다는 것이었어요. 둘째는 생각을 바꾼다는 것이 참 중요하다고 생각해요. 저는 다른 사람의 생각이 특히 내게 하는 말이 모두 맞는 것이라고 그냥 받아들이고 괴로워했는데, 그게 그들의 생각일 뿐 실제로는 모든 일에 다른 사람의 생각이 다 맞는 것은 아니라는 느낌이 오네요. 더 근원적인 것은 그들이 내게 했던 말에 대해 어떻게 내 생각을 정리하느냐가 더 중요하다고 느껴져요. 예를 들면 나는 항상 두려움으로 가득한 사람이라는 생각을 했었지만, 모든 사람이 나를 그렇게 생각 안 하고 나 자신도 편안할 때는 두려움이 없으니, 이제는 내가 두려워하는 사람이 아니라 그냥 상태에 따라 남들과 똑같이 두려워할 수도 있고 그렇지 않은 상태에서는 담담하거나 편안한 사람이라는 것을 깨달았어요."

평강은 스스로 자기 존재에 대한 긍정적인 발견을 하고 있는 빛나는 한 존재를 눈물겹도록 고마워하며 힘껏 박수를 쳤다.

"온달 씨를 어떤 사람들이 바보라고 했나요? 온달 씨, 우리 온달 씨가 가장 편안하게 일할 수 있는 회사를 하나 차려볼까요? 어떻게 해드리면 온달 씨가 신바람 나게 일할 것 같으세요?"

"저는요. 절더러 알아서 하라고 다 맡겨놓으면 또 두려워져요. 책임지는 것이 무섭고 겁이 덜컥 나요. 일이 커지면 아무리 마음을 다잡아도 두려움 때문에 잠을 못자고 힘들어요. 그냥 누군가가 앞에서 일을 하고 저는 그냥 뒤에서 시키는 대로 하는 것이 제일 좋아요. 마음도 편하고……."

"좋아요. 그것은 온달 씨의 성격적인 성향에 따라서 이렇게 저렇게도 해볼 수 있어서 상관없는데 두려움은 해결해야 돼요. 두려움이 필요한 상황도 있어요. 나쁜 짓을 하거나 위험한 일 앞에서는 두려운 마음이 우리를 죄짓지 않게 하고 우리의 생명을 지켜주는 좋은 감정이지만 막연한 두려움이나 아무 때나 걱정하고 초조해하는 감정 습관은 고쳐져야 해요. 온달 씨의 두려움은 우리의 영혼의 빛을 가리는 아주 나쁜 요소이기 때문에 해결해야 돼요. 특히 생각을 바꿔도 해결이 안 되는 두려움은 우리 뇌의 변연계라는 감정을 전담하는 영역에 숨어 있기 때문에 감정을 전문적으로 다루어 주어야 해요. 아 물론, 생각을 바꾸는 것도 그 생각이 뇌에 전기신호를 주고 이것이 계속적으로 반복되면 원하는 대로 이룰 수도 있지만 우리의 몸에 어떤 느낌을 주는 감정은 일종의 화학물질이거든요. 그래서 화학물질은 화학적인 방법으로 처리하거나, 화학적인 반응을 이끌어내는 물리적인 방법들로 처리하는 것이 아주 빠르고 쉬운 감정처리 방법들이에요."

온달은 놀란다.

"아니 감정을 빠르고 쉽게 처리할 수 있다니요? 야, 만일 그런 것이 가능하다면 아프고 괴로운 감정 때문에 고생하는 사람들에게는 너무 기쁜 소식이겠네요?"

"그렇죠, 현대의학과 과학, 심리학과 뇌 과학이 모두 힘을 합해 만들어낸 코칭이라는 영역은 순수하게 개인의 잠재된 생각들을 일깨우는 일종의 융합학문이에요. 또한 이론보다는 실생활에서 성공하고 싶은 개인과 리더들에게 도움을 주는 분야이기도 하지만 진정한 성공을 가로막고 있는 장애를 해결하는 데에까지 코칭의 영역이 확대되고 있어요. 생각 하나 바꿔서 되는 것이 아니라 사람들의 감정, 언어와 생각조차 못했던 무의식의 영역까지 원하는 상태로 바꾸어 성공적인 삶을 살도록 도와줄 수 있게 되었거든요! 저는요. 진정한 코칭은 나를 필요로 하는 모든 사람에게 도움을 주는 것이라고 생각해요. 그래서 예전에 공부했던 물리학이나 철학, 동양의학이나 심리학의 모든 것을 동원해서 사람의 깊은 영역을 스스로 보도록 하는 안내자가 되어주려고 해요.”

“아, 그렇구나. 그러면 어떻게 하면 두려움을 없앨 수 있어요?”

“제가 먼저 온달 씨에게 물어볼게요. 두려움은 사실인가요? 하나의 정보인가요?”

“아, 너무 어려워요.”

생각하기 싫어하는 원시적 뇌에 가까운 전형적인 안정형의 답변이나. 병상은 대답을 하기 쉽도록 다시 질문을 좁혀본다.

“온달 씨, 실제로 회사에서 잘리기 전에 잘릴 거란 말 많이 들었지요?”

“네, 제가 귀가 밝잖아요. 여기저기서 연말만 되면 제가 일순위라고 하는 말을 많이 들었어요.”

"그때가 힘들었어요? 아니면 잘리는 그 순간이 힘들었어요?"

"잘릴 땐요. 차라리 속이 시원하더라고요. 평소에도 그런 말을 떠올릴 때가 더 힘들었어요."

"그것이 현실이 아니었는데도 그 생각 때문에 괴로웠던 것이지, 실제로 일어난 것은 그 후의 일이잖아요. 바로 그거예요. 사람들은요, 어떤 일이 실제로 일어나지도 않았는데 미리 그것을 끄집어내서 괴로움을 느끼고 그 괴로움을 마치 자신의 아주 큰 보물인양 가슴속 깊이 감춰놓고 자기만 몰래 꺼내서 보며 괴로움을 증폭시켜 나가다가 어느 날 뇌의 신호전달체계와 타이밍이 맞을 때 자살하기도 해요. 전부 정보의 허상에 속는 거예요. 온달 씨의 두려움도 그 속을 쪼개어 본다면 아무것도 없는 거예요. 남들이 하는 소리, 회사의 규범, 사회가 말하는 유능한 사람의 기준, 이런 것들을 자신에게 적용시키니까 그렇게 무능해보이고 자신의 존재를 싫어하고 자기 아닌 사람으로 살고 싶어 몸부림치게 되는 것이죠. 이런 반복적인 생각은 우리 뇌의 의식의 최소 단위인 시냅스에 전기 파동을 일으키고, 전기 파동은 시냅스를 통과하는 동안 화학물질을 만들어 다른 시냅스에 전달하죠. 이런 과정이 매일 반복되다 보니 우리의 뇌에 두려움의 회로가 만들어지고, 이 회로는 사고구조의 패턴이 되었고, 이러한 패턴은 생각, 언어, 감정, 행동을 두려움의 시스템으로 만들어가는 과정이 반복되었던 거죠. 이런 반복적인 행동이 해마에 장기 기억으로 저장되어 온달 씨의 모든 행동을 통제하고 그렇게 살도록 만든 것이죠. 본래 온달 씨가 그런 분이 아닌 것은 이미 스스로 찾아냈잖아요? 이제 당신은 어떤 감정으로 살고 싶으세요?"

온달은 평강이 갑자기 자신을 당신이라 부르자 정신이 아득해지면서 아무 말도 생각나지 않았다. '왜 나를 당신이라고 부르지? 이렇게 친밀한 용어를 내게 서슴없이 꺼내다니. 이분이 혹시 나를 좋아했던 것은 아닐까? 그래서 서울에서부터 일부러 나를 찾아온 것은 아닌가? 맞아, 그래서 그 깊은 산골 전나무골까지 나를 찾아왔고 또 일해달라고 한 것도 전부 나를 좋아해서일 거야.' 이런 생각이 들자 온달의 눈동자가 좌측에서 우측 상단부로 옮겨갔다. 그것을 놓치지 않고 관찰한 평강이 예리하게 말했다.

"아니 온달 씨, 지금 무슨 생각하고 있는 거예용? 혹시 엉큼한 상상을 하고 있는 거 아녜요?"

순간 얼굴이 벌겋게 달아오르면서 아무 생각 안 했다고 둘러댔지만 온달은 속내를 들킨 것 같아 부끄러웠다. '코치는 무서워, 남의 속마음까지 속속들이 읽어 내다니.' 온달은 달콤한 상상에서 화급히 깨어났다.

“저, 죄송한데, 아까 뭐라고 물어보셨는지요. 제가 사실은 다른 생각을 하느라고 깜박했어요. 죄송합니다.”

평강은 싱긋 웃으며

“무슨 생각하셨어요?”

하고 물었다.

“아네요, 그냥 딴 생각했어요.”

온달의 대답에 평강은 온달을 아주 편안한 미소로 온달을 바라보며, 아까의 질문을 다시 들려줬다.

“세상을 사는 동안 어떤 감정을 가지고 사셨으면 좋겠냐고 물었어요.”

“전 그냥 편했으면 좋겠어요. 아무 걱정 없고 아무 생각 안 해도 되는 편안한 상태…….”

“아, 편안한 감정……. 두려운 것도 없고 걱정 없이 행복하게 살고 싶다는 말씀인가요?”

“네.”

“온달 씨, 어느 유행가 가사에 보면 행복은 우리가 가장 두려워하는 곳에 있다는 말이 있어요. 이 말뜻을 이해하시겠어요?”

“네? 행복이 가장 두려워하는 곳에 있다고요? 어떻게……?”

“사람들이 진정으로 두려워하는 것은 불행이 아니에요, 오히려 행복이 올까 두려워하는 것이죠.”

“아니, 왜 행복을 두려워해요?”

“한 번도 가져보지 못한 것이기도 하지만 항상 걱정이나 슬픔, 두려움과 같은 부정적인 시스템에 몸이 적응되어 있기 때문에 자신이 오랜 세월 동안 쓰고 살아왔던 허울과 가식의 집이 무너질까 두려워하는 것이죠. 행복하다는 것은 어떤 상태일까요. 아니면 감정일까요?”

“행복은 감정일 것 같은데요. 상황이 행복한 상태인데도 그것을 느끼지 못하면 행복인 줄도 모르잖아요. 우리 회사에서도 상무님들이나 전무님들을 보아도, 심지어는 회장님을 보아도 그래요. 그렇게 돈도 많고 집도 좋고, 자동차도 좋은 것을 타고 다니면서도 항상 힘들어하고 화를 내고 욕을 하는 것을 보면, 사람의 행복은 상황이 아니라 감정의 상태인 것 같아요. 연인들이 비를 맞아도 추운 곳에 있어도 서로 좋아하는 감정이 있기 때문에 행복해하는 것 아닌가요?”

“온달 씨도 행복에 대해서 잘 알고 계셨군요. 그런데 많이 행복해하지 못하신 이유는 어디에 있었을까요?”

“아까도 말했지만 저는 평안하다가 두려운 감정, 걱정하는 마음, 이런 것들이 갑자기 나타나면 숨이 막혀버리곤 했어요. 회사 다니면서 생긴 병 같아요. 예전 시골 살 때는 천하태평이었는데…….”

"원하는 감정을 다시 말씀해 보실래요?"

"나는 편안하고 싶다. 나는 아무 걱정 없는 평온한 감정으로 살아가고 싶다."

"자, 이제는 당신이 원하는 감정을 평온과 행복한 감정으로 만들어 보실래요?"

"네, 저를 도와주세요, 그렇게 되면 너무 좋을 것 같아요."

"먼저 호흡을 고르게 해볼게요."

·

호흡으로 마음의 균형 잡기

"양발을 엑스자로 엮어보세요. 어느 쪽 발이 더 편하세요?"

"아, 저는 왼쪽 발이 위에 있는 것이 더 편한데요?"

"그러시면 다음으로 위로 올라온 발과 같은 방향의 손을, 그러니까 왼팔을 앞으로 쭉 펼치세요. 손은 세워서 쭉 펴시고 반대편 손을 왼손 위에 올려놓으시고요. 두 손을 서로 마주보게 하고 서로 깍지를 끼세요. 그리고 안으로 끌어당겨 손날이 가슴에 닿도록 붙이세요. 자, 이제는 눈을 감고 코로 숨을 천천히 들이마시고, 숨이 배꼽 아래에까지 내려가도록 깊게 들이쉬세요.

내쉴 때는 입으로 아주 가늘고 길게 천천히 후우 하면서 내쉬세요. 다시 천천히 해보세요. 들이마시는 숨보다 내쉬는 숨에 더 가늘고 길게 집중하셔야 합니다. 어떠세요?"

온달은 아주 가늘고 긴 목소리로 말했다.

"네, 마음이 아주 편해졌어요. 아무 생각도 안 나요."

"지금 온달 씨의 뇌파가 다운되서 그래요. 생각이 많을 때는 베타 파장이 우리의 뇌를 지배하는데 이렇게 긴 호흡을 하면 뇌파가 알파파로 변하면서 기분이 나아지고 마음이 편해지죠. 이런 호흡 상태에서 의식을 쥐고 있으면 명상을 하게 되는 것이고 의식을 놓아버리면 세타파로 내려가 잠으로 가는 것이죠. 우리 글에 호흡이란 말은 내쉬는 것이 먼저죠. 그래서 '호' 하는 것인데 '호' 하게 되면 심장의 열기와 뇌의 열기가 조금씩 가라앉게 돼요. 그래서 추울 때 손바닥에다 '호' 하고 따뜻한 기운을 넣어주는 거죠. 그래서 '호' 하면 더운 기운이 나오는 거예요. 지금 손바닥에다 한번 불어보세요. 우리 몸에서는 더운 기운이 나가니까 열기가 식으면서 마음이 차분해지는 거죠. 반대로 '후' 하고 숨을 내쉬면 찬바람이 나오죠. 이는 비장이나 위장의 차가운 기운을 내보내 소화를 촉진시키고 몸의 온도를 올리는 호흡법이에요. 담배 피우는 사람들이 '후' 하고 연기를 내뱉는 것도 몸 속의 차가운 냉기와 뜨겁고 가벼운 담배의 성질과 '후' 하는 호흡시스템이 맞물릴 때 뇌에서 기분 좋은 도파민이 생성되기 때문에 그렇게 피우는 것이죠. 그 방법이 뇌에 조건반사신경으로 저장되어 있는 거예요.

자, 이젠 숨을 들이 쉴 때 혀를 윗니 뒤에다 붙이고, 내쉴 때는 아랫니 뒤에다 붙이시고 다시 한 번 숨을 쉬어보세요. 들이 마시고 내쉬고 천천히 계속 하세요. 자, 이번에는 숨의 방향을 잡을 거예요. 숨이 코로 들어온 뒤에 숨을 코 위로 끌어올려서 머릿속을 한 바퀴 돌려서 목으로 내려와 배꼽 아래로 내려가도록 쉬어보세요.”

온달은 다시 한 번 고른 숨을 단전자리까지 들이쉬었다가 천천히 내쉬면서 혀를 평강이 시킨 대로 움직였다. 아까 숨만 쉴 때와는 다르게 이제는 에너지가 느껴진다. 온몸이 하나의 덩어리가 된 것처럼 에너지가 밖으로 나가지 않고 내부에서 운행됨을 느낄 수 있었다.

아득히 먼 곳, 아주 원시적인 저 태고의 깊은 곳에서부터 평온감이 밀려온다. ‘아 너무 좋다.’ 자신을 보고 있을 평강의 얼굴이 떠올랐다. 그 순간 다시 호흡이 불규칙해지며 평온감이 사라짐을 느꼈다. 눈을 살짝 떠보니 평강은 자신보다 더 고요하게 평온한 미소로 깊은 호흡에 들어가 있었다. 어떻게 저토록 똑똑하고 야무져 보이던 사람이 일순간에 저런 평온한 얼굴을 할 수 있을까? 자신을 위해서 스스로 본을 보이는 평강을 보고서 문득 미안하기도 하고 부끄럽기도 하여, 다시 온달은 마음을 가다듬고 호흡에 들어갔다. 평강은 이번에는 아주 부드럽고도 작은 목소리로 속삭이듯 말했다.

부정적 자아를 끄집어내라

"자, 조용히 눈을 뜨시고, 오른손으로 왼쪽 가슴 부분인데요. 목에서 7.5cm 그 자리에서 7.6cm 좌측으로 가면 가슴윗부분에 약간 움푹 들어간 곳이 나와요, 한번 찾아보세요."

온달이 정확히 찾지 못하고 헤매자 평강이 직접 자신의 손으로 온달의 고방혈을 찾아 짚어 주었다. 평강이 가까이 오자 온달은 그녀의 상큼한 향기에 정신이 아득해지며 얼굴이 약간 붉어졌다. 평강의 다그침이 들려온다.

"온달 씨, 정신 차리세요. 자, 일생 동안 자신을 괴롭혔던 힘든 사람이나 고통의 감정이 있다면 어떤 것이에요?"

온달은 문득 회사 다닐 때 자신을 그렇게 힘들게 했던 큰 사각형 머리의 장경철 부장이 떠올랐다. 그 사람 때문에 참 힘들었었다. 평강이 다시 재촉한다.

"자, 그 사람 때문에 어떤 것이 힘들었나요?"

"아, 내 일이 더디고 명확하지 않다고 욕을 많이 먹고 모욕도 많이 당했어요. 너무 무섭고 두려웠어요. 지금 그 사람 얼굴만 떠올려도 막 심장이 죄어들어가는 것 같아요."

"자, 그러면 여기 손으로 짚은 이 자리를 시계방향으로 마사지 하듯이 문질러 주면서 '나는 비록 장 부장을 생각하면 지금도 무섭고 두렵지만, 그럼에도 불구하고 이런 나 자신을 깊이 사랑하고 전적으로 받아들입니다.' 이렇게 세 번만 해보세요."

"이것을 하는 이유는 뭐예요?"

"우리는 자신이 두려워하고 힘들어하는 부분을 남에게 드러내지 않으려는 무의식적인 성향을 가지고 있어요. 이런 말을 드러내면 무능한 사람으로 보일까봐 두려워 혼자서 끙끙 앓기도 하고 이런 것을 처리할 수 있는 교육을 받지 않았기 때문에 술을 마시거나 친한 사람에게 말을 하거나, 혹은 병원에 가서 전문의에게 상담을 받는 경우가 많아요. 이런 감정치료는 어려서부터 스스로 자기 감정을 치료할 수 있게 학교 차원에서 교육하고 사회적으로도 다양한 자기감정 치료 프로그램을 만들어줘야 해요. 우리 교육이 인간이 이 세상을 얼마나 풍성하고 멋지게 삶을 살 수 있다는 것은 가르쳐 주지 않고 직업교육만 하기 때문에 어려서부터 고통을 많이 겪는 거예요. 그렇게 감정을 숨겨 왔던 온달 씨가 지금 자기감정을 스스로 드러냈잖아요. 마음속 깊이 묻어놓았던 것을 이렇게 솔직하게 끄집어내니까 무의식에서 지금 난리가 난 거예요. 아주 오랜 세월동안 주인이 만들어 놓고 누구에게도 꺼내서 보여주지 않던 감정을 찾아대니 무의식에서 깜짝 놀란 거예요. 그리고 그런 나 자신을 아주 한심한 사람으로 생각했는데 지금은 뭐라고 하셨어요? 그런 한심하고 나약한 사람이지만 그럼에도 불구하고 이런 나 자신을 전적으로 받아들이고 깊이 사랑한다고 했죠? 깊이 감춰놓았던 부끄러운 상처들을 조심스럽게 내어놓으며 동시에 소중한 사랑의 에너지로 자신의 존재를 긍정하고, 자기를 용서하고, 스스로 받아들이니 우리의 몸과 마음이 얼마나 좋아하겠어요? 감정은 이렇게 문이 열려야 해요. 너무 오랜 세월 동안 닫아 놓았던 문인지라 잘못 열면 자기감정을 지키려는 에고라는 놈이 두려움이라는, 곧 불행에 익숙해진 그 몸으로 행복을 두려워하게 하고 감정처리를 놋하게 만들기 때문에, 호흡하고 말로써 자기의 부정과 긍정을 전부 끄집어내는 일이 중요한 것이에요. 자, 이제 아시겠죠? 아직 시작한 것은 아니에요, 이제 문을 열어놓은 것뿐이에요."

⦁

두드려서 감정을 날려라

"자, 이제 신나게 두드려 볼까요?"

"아니, 뭘 두드려요?"

"성경에도 그런 말이 있잖아요. '두드려라. 그러면 열릴 것이
다.' 우리 인체는 뼈가 골간을 이루고 있죠? 뼈는 전기에너지를
만들고 저장하는 일종의 전기탱크 같은 역할도 해요. 우리가 가
스레인지를 켤 때에 손잡이를 비틀어서 딱 소리가 나도록 마그
네틱 판에 충격을 주면, 그때 불꽃을 튕겨 가스에 불이 붙게 되
지요. 마찬가지로 우리의 뼈에도 전기와 자기성분이 들어 있는
데, 마치 들에서 일을 하다가 삽이 돌에 부딪칠 때 불꽃이 튀듯
이 뼈와 뼈끼리 충돌할 때에 불꽃이 튀면서 에너지가 만들어지
게 되죠. 앞에서 말했듯이 우리의 감정은 일종의 화학적인 요소
로 이루어져 있으며, 그러한 감정과 동일한 파장을 가지고 있는
수용세포가 그 감정을 수용하기 때문에 특정한 감정을 느끼는
그 자리를 두드리면 그때 발생한 불꽃이 화학적 요소를 변화시
켜 없애 버리든가 아니면, 다른 감정으로 만들기도 하죠."

"아, 그래서 두드리는 것이군요."

"예전에 우리 어머니들이 답답한 일을 겪거나 분통이 터질 때

가슴 오른쪽 복장근육을 두드리면서 '아이고, 복장 터져!'라고 했던 것도 일종의 원초적인 무의식의 자기감정 치료 행위죠. 그런 의미에서 보면 인간은 누구나 다 본능적인 자기치료 능력을 가지고 있다고 봐도 돼요. 자 이제, 두드리는 순서와 방법을 가르쳐 드릴게요. 손은 한 손 혹은 양손을 모두 사용해도 되요. 전부 15군데를 두드릴 텐데, 정수리라 불리는 백회혈, 곧 머리꼭대기에서부터 시작하세요. 그 다음 이마 한가운데 눈썹이 시작되는 자리, 눈가, 눈 아래, 코 아래, 입술 아래, 목 아래 쇄골, 가슴 유두 아래 2cm, 양쪽 겨드랑이, 엄지손가락, 둘째, 셋째, 새끼손가락의 손톱자리, 손날, 손등(4, 5번 관절 사이)을 순차적으로 7~12번 정도만 두드리시면 돼요. 간혹 감정이 아주 불편하면 그 감정 이름을 부르거나 예를 들면 '뒷목 아픔', '뒷목 아픔' 이렇게 하셔도 되고요. 혹은 고통스럽게 했던 대상을 떠올리면서 두드리면 더욱 효과적일 수 있어요."

온달은 머리 위에서부터 자기를 힘들게 했던 장 부장을 떠올리면서 손등까지 15곳의 타점들을 열심히 두드려 나갔다. 약 2~3분 정도의 시간이 흘렀을까? 정신이 약간 멍한 것을 제외하고는 어떤 신체적인 변화도 없었다.

EMDR, 안구 굴리기 요법

평강의 목소리가 이어 들린다.

"이번에는 저를 바라보시고 눈동자를 굴려주시는데 아까 장 부장에 대한 두려움을 생각하셨잖아요? 이번에도 똑같이 그분에게 당했던 기분 나쁜 기억을 떠올리면서 눈동자를 크게 한 바퀴 굴려주세요. 천천히 약 8초에 한 바퀴 돌아올 정도로 굴려보세요. 자, 이번에는 반대 방향으로 돌려주세요. 한참 굴리다 보면 무엇을 생각했는지조차 기억이 안 나게 될 거예요. 어느 쪽 방향으로 굴리는 것이 더 기억이 나질 않죠?"

"아, 저는 왼쪽에서 오른쪽으로 굴릴 때가 더 기억이 안 나는 것 같아요."

"그럼, 그쪽 방향으로 굴려주세요."

"몇 번이나 굴려야 해요?"

"생각이 거의 안 날 때까지 굴려주시는 것이 좋은데 보통 24회를 기준으로 하고 있어요. 자, 어떠세요?"

"거, 신기하네요. 아까 생각했던 장 부장에 대한 나쁜 기억을 떠올렸는데 기억이 완전히 없어진 것은 아니지만 생각이 흐려지고 그냥 별것 아니었다는 생각이 들었어요! 이게 뭐에요?"

"아, 이것을 EMDR(Eye Movement Discencitization Reprocessing)이라고 하는데, 우리말로 '안구감각저하 재처리 요법'이라고 불러요. 이 속에는 보편적으로 좌측 뇌에 저장된 과거의 불쾌한 정보를 눈동자와 함께 굴려보면서 우측 뇌로 몰고 가는데, 재미있는 것은 우측 뇌는 이런 과거의 불쾌한 정보들을 기억하는 데 관심이 없고 새로운 꿈을 꾸는 데 관심이 많기 때문에, 너 우리 집에 왜 왔니 하고 자꾸 지워버리는 거예요. 그래서 처음에 생생하게 기억났던 것들이 몇 바퀴만 굴려주다 보면 기억이 희미해지는 거죠. 우리도 과거의 어떤 지나갔던 생각을 떠올릴 때 보면 머릿속이나 눈동자가 왼쪽 윗부분에 머물러 있을 때가 많잖아요? 앞으로의 일을 떠올릴 때는 눈동자가 오른쪽 위로 가게 되죠."

"아, 그러니까 과거의 정보를 끄집어내서 미래의 영역으로 옮겨버리니까 거기서 자연적으로 정보를 지워버리는 거군요!"

"맞아요. 이렇게 쉬운 방법으로 과거의 아픈 상처를 지워버린다면 얼마나 많은 사람이 과거를 떨쳐버리고 새롭게 인생을 살 수 있겠어요?"

"이런 기술이 보편화되어 온 세상에 마음 아픈 상처를 가진 모든 사람에게 도움을 줄 수 있다면 너무 좋겠어요!"

"또 이런 방법도 있어요. 안구 굴리기를 하고 난 뒤에 이젠 노

래를 불러보는 거예요. 아주 빠르고 짧게, '쨍하고 해뜰 날 돌아
온단다.' 이어서 빠르게 숫자를 세어보세요. '1, 2, 3, 4, 5.'"

"그건 왜 하는 건데요?"

"아, 온달 씨 노래를 부를 때 우리 뇌 중에 어느 뇌가 활동할
것 같으세요?"

"우측일 것 같은데요"

"그렇죠, 그러면 숫자를 셀 땐?"

"좌측이죠."

"그렇죠. 이렇게 앞에 했던 안구 굴리기와 같이 우리 뇌를 좌
우로 균형을 잡아주면 한쪽으로만 보던 정보들이 균형을 잡게
되는 거예요. 예를 들면, 부정적인 생각만 하고 있을 때에는 우
리 몸도 나쁜 화학물질을 내보내서 결국은 몸이 망가지죠. 그러
나 어떤 부정적인 상황에서도 긍정적인 교훈을 찾아낼 수 있다
면 부정적인 것도 결국 나쁜 것만은 아니잖아요. 그래서 이런
말도 있어요. 실패는 없다, 교훈만 있을 뿐이다. 또 이런 방법도
있어요."

아무런 미동도 없이 온전하게 듣고 있는 온달에게 평강의 부
드러운 음성은 계속 이어졌다.

●

좌우뇌 균형 잡기

"나쁜 감정을 떠올리면서 천천히 머리를 도리도리 하듯이 좌우로 흔들어 주는 거예요. 머리를 흔들어주면 우리 뇌의 뇌량을 통해서 뇌의 에너지가 대칭관계로 균형을 잡게 되어 있어요. 그래서 우리도 남의 말을 듣다가 짜증나거나 거부할 때는 머리를 흔들며 '아, 하지 마! 듣기 싫어' 하잖아요. 머리를 흔들면 순간적으로 정보가 사라지면서 아무 생각을 안 할 수 있는 거예요. 그래서 우리 어머니들이 그렇게 시켰는지는 모르지만 어렸을 때에 도리도리 하면서 목운동을 시켰잖아요. 그런데 실상은 목운동만 해당되는 것이 아니라, 균형 잡힌 뇌를 만드는 '평형기법 운동'에 관한 것이었을 수도 있어요. 자, 이렇게 정보를 지우는 세 가지 방법을 해보았는데, 사람에 따라서 달리 적용해 볼 수 있어요. 온달 씨 경우는 어떤 것을 해보고 싶으세요?"

"저는 너무 상처가 많아서 모두 지워질 때까지 세 가지 다 해보고 싶은데요!"

"아, 그러시구나. 그러면 다 해보세요."

온달은 평강이 가르친 대로 눈을 굴리고 노래와 숫자를 세어보기도 하고 나쁜 기억을 떠올리면서 머리를 흔들어 보았다. 평강은 다시 한 번 아까 했던 것처럼 머리부터 다시 두드려보라고 했다. 온달은 정수리, 눈썹 시작점, 눈가, 눈 아래, 코 밑, 입술 아래, 목 아래 쇄골, 유두 밑 2cm, 겨드랑이, 엄지손톱, 검지, 장지, 새끼손가락, 손날, 손등(4, 5 관절 사이)을 열심히 두드려 나갔다.

"자, 이제 처음에 느꼈던 자신의 불쾌감을 다시 느껴보세요, 어떻게 되셨나요?"

"어, 신기하다. 그냥 담담해지고 뭐 이 세상에 그렇게 마음 상할 것이 없다는 생각이 드는데요. 하지만 조금은 뭔가 미적지근한 게 남아 있어요."

"네, 그럴 거예요. 마지막으로 안구 굴리기를 한 번만 더 해보세요."

"네, 아까 EM……."

"EMDR, 안구 굴리기죠."

24바퀴쯤 굴리고 난 뒤 온달은 이루 말할 수 없는 평온감이 온몸에 밀려오는 것을 느꼈다. 평강의 목소리가 계속된다.

"아까 온달 씨의 마음을 괴롭게 했던 장 부장을 떠올려 보세요, 어떤 느낌이 남아 있나요?"

"이젠 그분을 만나도 피할 것도 없고, 아무 느낌 없이 담담하게 대할 수 있을 것 같아요. 진짜 아무 느낌이 없어요. 이렇게 해도 안 되는 사람들도 있나요?"

“아, 물론 있죠. 상처가 아주 깊거나 유전적으로 감정인자가 많이 분포되어 있거나 혹은 어려서부터 왜곡된 자기감정 표출 습관 때문에 무의식에 부정적인 회로가 형성된 사람들은 이렇게 해도 잘 안 되는 경우가 있어요.”

“그런 사람들은 어떻게 해야 해요?”

“네, 그들은 뇌 시스템 상에서 근원적으로 긍정의 회로를 만들어 주어야 해요. 그것을 습관화시키는 방법이 제일 좋아요.”

평강은 온달에게 습관의 중요성을 강조하며 습관이 그 사람의 운명을 좌우한다고 했다. 그리고 잊지 말 것을 말해준다.

감성코칭, 행복회로 만들기

“특히 잠들기 전에 오늘 감사한 것이 무엇이었는지 다섯 가지 정도만 간단하게 일기를 쓰거나 아니면 생각만 해도 괜찮아요. 대신 매일 해야 해요. 매일 해야 반복적인 습관으로 인해 해마가 장기기억으로 감사회로를 저장하게 돼요. 그러면 감사의 생각을 할 때마다 감사와 행복과 관련된 세로토닌이나 도파민 같은 좋은 화학물질들이 생성되면서 돌아다니다가 동일한 파장을 갖고 있는 수용세포와 만나게 되지요. 그러한 세포 간의 결합은 뇌의 전류장치에 새로운 회로를 형성하고, 새로운 회로는 뇌 시스템을 만들고, 뇌 시스템은 우리의 사고와 감정과 언어, 행동에 이르기까지 우리 삶의 전부를 변화시키는 것이에요. 그렇기 때문에 항상 감사하고 살라는 말씀도 있잖아요. 실로 모든 행복한 삶의 시작은 감사하다고 느낄 때가 아닐까 해요.”

온달이 조금 지친 듯한 표정이지만 진지하게 말한다.

“아가씨, 오늘은 그만 할래요.”

“아, 너무 피곤하시겠다. 하루에 이렇게 많은 것을 하셔서. 어서 가셔서 쉬세요.”

“아녜요. 빨리 가서 감사일기 쓰고 행복하게 잠들고 싶어서 그래요. 그런데 저 오늘 여기서 자면 안 되나요?”

아이 같은 모습으로 보채며 달라붙는 온달의 표정을 보며 평강은 달래듯 말했다.

“아니요, 댁에 가셔서 주무세요. 어머니 혼자 계시잖아요.”

“아 참, 그렇지. 네, 그러면 전 오늘은 이만 가고요. 집에 가서 두려웠던 과거가 떠오를 때마다 ‘너 이제 잘 만났다’ 하고 마구 두드려서 해결할 거예요.”

그렇게 혼잣말을 하고 온달은 큰 선물을 받은 것처럼 신이 나서 머릴 크게 수그려 평강에게 인사하고 돌아갔다.

한편 고구그룹에는 심각한 일이 벌어지고 있었다. 고령인 회장의 후계자가 없다는 소문 때문인지 그룹 내부 여러 곳에서 쿠데타의 음모가 싹트고 있었다. 수뇌는 전임 CEO를 지내다가 실적 부진으로 퇴진당한 나영배 사장과 그가 재임시절 인맥을 형성했던 5인의 사업본부장, 그리고 평원 회장의 소유 주식과 맞먹는 주식을 소유한 아시아은행 채권단과 이사진의 모략이었다. 그들은 신규 프로젝트 사업을 빌미로 회장의 주식을 포함한 사재까지 투자시킬 엄청난 음모를 꾸미고 있었다. 그들의 집요한 설득에 회장은 의심이 들기도 했지만 설마 이 많은 사람이 한꺼번에 배신할 리 없으라 믿었다. 그리고 자신의 전 재산을 담보로 신규 사업에 도장을 찍었다. 신규 사업은 세계 최고의 모바일을 제작하는 것이었다. 계속된 경영적자에 누적된 손실을 단번에 만회하고 싶은 평 회장의 생애 모든 것을 내건 일종의 승부수였다. 평원 회장은 이번 사업에서 수익을 내면 기업을 사회에 환원하고, 기업 이익의 80퍼센트를 사회에 기부하는 사회적 기업으로 회사를 전환한 뒤, 자신은 산골에 묻혀 남은 생애를 보낼 생각이었다. 외동딸 평강이 자신의 뒤를 이어받지 못하는 것을 보고 절망감도 들었지만 한편으론 딸이 강원도 봉평에서 어떻게 지내는지 몹시 궁금하기도 했다. 그러나 고구그룹의 야심작은 평원의 생각처럼 수익을 내기는커녕 경영사상 최대의 손실을 보고 세계 모바일 시장에서 저가 폰으로 전락하고 말았다. 기업 이미지의 추락과 함께 평 회장의 개인적인 손실도 한마디로 참담했다. 동시에 채권단은 이사진을 압박해 평 회장을 밀어내고 나영배 전임 CEO를 회장에 추대하고 말았다. 엄청난 부채와 함께 일생을 바쳐 일구어온 회사를 떠나는 평 회장을 배웅한 사람은 오랜 세월 정문을 지켜온 관리인 몇몇뿐이었다. 사는 집 하나만 겨우 남은 평 회장은 일체의 만남을 거절하고 집 밖 출입을 하지 않았다. 뒤늦게야 이 모든 사태가 총체적인 음모였음을 알게 되었지만 평원에게 남은 것은 아무것도 없었다. 처절하게 분노하고 이를 갈며 매일같이 술로 허송세월하는 평원은 몸마저 야위고 수척해갔다.

●

온달의 의식 코칭

한편 온달은 평강으로부터 배운 생각과 감정을 처리해 나가는 기법을 하나하나 실천했다. 온달의 마음엔 무엇도 남지 않았고 자유로운 감정으로 살아갈 수 있게 되었다. 평강은 그러한 온달을 보며 온달의 의식을 높일 때가 되었다고 생각했다. 어느 날 밭에 심어놓은 당귀를 수확하면서 평강은 온달에게 물었다.

"그동안 수고한 품삯이 꽤 많이 모였네요."

"얼마나 돼요?"

"3개월 모으니까 한 700만 원 되겠는데요."

"아니, 그렇게나 많이 주세요? 저 공부도 가르쳐주셨는데?"

"온달 씨, 이 돈 받으면 뭐하실 거예요?"

"어머니 좋아하시는 거 사드리고 아가씨께 선물도 하고 싶어요. 너무 감사해서……."

"무엇을 선물하고 싶으세요?"

"글쎄요. 아가씨가 좋아하는 것을 해드리고 싶은데."

"온달 씨, 제 선물은 필요 없어요. 하지만 온달 씨가 회사에 복귀하든지, 개인회사를 차리든지, 큰 기업인이 되어 세상에 기여하는 리너가 되었으면 좋겠다는 바람은 있어요. 지금 온달 씨는 나쁜 감정들을 스스로 처리할 수 있는 능력이 생겼고, 감사일기를 3개월째 기록하셔서 이미 긍정의 뇌 회로가 만들어져 있는 상태예요. 이렇게 좋은 바탕을 만들어 놓았으니 그 위에 생각을 더 일깨워서 자신을 보다 큰 그릇으로 만들어 보세요. 그게 제가 온달 씨께 받고 싶은 선물이에요.”

“어떻게 생각을 일깨울 수 있어요?”

“생각은 우리가 생각하는 대로 그것을 진실이라고 인식해요. 그러니까 온달 씨가 생각하는 모든 것이 우리 뇌에서는 진짜 현실이라고 믿는 거죠. 온달 씨가 자신을 어떠한 사람으로 생각하느냐에 따라서 온달 씨의 존재가 달라질 수 있다는 거예요. 스스로를 무능한 사람이라고 생각하면 무능한 사람이 되고, 스스로를 세상에서 가장 쓸모 있는 사람이라고 생각하면 가장 유능한 사람이 되는 거예요. 그것은 전적으로 온달 씨의 선택에 달린 거예요. 어떤 사람으로 살고 싶으세요?”

“저도요, 유능한 사람으로 살면서 좋은 일 많이 하고 싶은 마음은 정말로 굴뚝같지만 사실이 무능한 사람인 걸 어떡해요? 하지만 이제는 마음까지 편해져서 누가 저를 아무리 무능하다고 해도 별 걱정도 안 돼요.”

“이봐요, 온달 씨. 누가 당신 그렇게 마음 편하게 세상을 살다가 떠나라고 감정처리 해드린 줄 아세요! 그것은 두려움과 불안한 감정 속에서 자신을 포기하고 살아가니까 부정적인 장애물을 제거하느라고 한 거예요. 온달 씨, 예전 회사 근무할 때 해외 출장 나가봤어요?”

의식 코칭

"예, 세 번…….

"혹시 비올 때 비행기 타본 적 있으세요?"

"네, 한 번이요."

"그때 혹시 기억나는 것 있으세요."

"그럼요. 저는 첫 해외출장을 비 오는 날 비행기를 타고 갔어요. 그래서 지금도 잊지 않고 기억하는데 그날 비가 많이 와서 비행기가 못 뜨는 줄 알았어요. 그런데 아무런 안내방송도 없고 그냥 올라가더라고요. 그때 알았어요. 아, 비는 비행기가 날아가는 구름 아래에서 오는구나, 너무 신기했어요. 보통 비행기가 7,000m 상공을 나는데 거기엔 비가 없더라고요."

온달이 어린아이처럼 흥분해서 첫 해외출장의 기억을 말하자 평강이 덧붙인다.

"그렇죠, 그런데 꼭 비행기를 타보지 않고서도 비 오는 구름 위에 맑고 밝은 하늘이 있다는 것을 알 수 있는 방법이 없을까요?"

온달은 몰랐던 것을 이제야 알았다는 아이처럼 말한다.

"그러니까 비구름이 시커멓게 덮여 있는데도 구름 사이로 햇살이 비칠 때 그걸 알지요. 아, 저 구름 위엔 눈부시게 맑은 하늘이 있었구나."

"맞아요. 바로 그거예요. 우리의 마음도 본래 타고난 순수한 때 묻지 않은 마음이 있어요. 그곳엔 생각도 없고 어떤 감정도, 어떤 흔적조차 없는 텅 빈 마음이 있어요. 그것을 순수의식이라고 불러요. 우리의 만들어진 의식은 이러한 순수의식 위를 떠다니는 구름 같은 거예요. 우리가 세상을 살다보면 우리 안에 이러한 맑고 깨끗한 본래의 마음이 숨어 있다는 것을 가끔씩 느낄 때가 있어요."

"그게 어느 땐가요?"

"온달 씨, 남에게 착한 일을 했을 때 기분이 좋죠. 올바른 일을 했을 때, 정직하게 자신을 드러냈을 때, 이럴 때가 우리 본래의 순수한 의식 상태에 제일 가까이 가는 거예요. 물론 거기서 더 들어가면 그러한 개념조차 없는 백지상태로 들어갈 수 있지만, 인간에게 요구되는 사회적인 개념과 정의는 이렇게 순수의식으로 남에게 배려하고 봉사하는 삶을 살 때 가장 인간다운 거예요. 이때가 우리를 세상에 내보낸 신의 뜻을 깨닫는 순간이기도 하고요. 그러나 사람들은 이러한 자기내면의 순수한 자기를 외면한 채 떠오르는 욕망과 맹목적인 신념으로 얼룩진 채로 나를 사랑해달라고 몸부림치며 살아가고 있어요. 그러다가 비로소 큰 잘못을 저지르거나 몸이 병들었을 때 혹은 세상을 떠날 때, 아니면 아무것도 할 수 없는 상태가 되면 자기를 돌아보며 잘못 살아온 날을 후회하고 남은 삶이라도 제대로 살기를 소망하죠. 짧은 순간이지만 인간은 그때 자기 영혼과 순수한 조우를 하게 되죠. 이런 것이 모두 비구름 사이의 햇빛을 보는 격이에요. 그러면 우리가 이렇게 젊을 때 미리 내 안의 이러한 순수한 마음을 들여다보고 떠돌아다니는 헛된 생각들을 멀리하고 본성에 따라서 생활한다면 어떻게 될까요?"

"그러면 이 세상이 서로가 서로를 위하여 살아가는 너무 아름다운 천국이 될 것 같은데요."

"그렇죠, 천국은 이미 우리 마음 안에 들어 있는 거예요. 내 안에 맑고 순수한 마음이 있다는 것을 바라보기만 하면 돼요."

"아, 그렇구나. 그렇게 마음을 보면 항상 내 행동을 그 마음으로 비춰볼 수 있어서, 원하지 않는 마음과 그러한 마음으로부터 나오는 말과 감정을 모두 관찰할 수 있게 될 것 같네요."

평강은 종이 한 장을 꺼내들고 온달 앞에 다가 앉았다. 온달은 사과처럼 상큼한 그녀의 몸 향기에 마음을 빼앗기고 말았다. 하지만 평강은 아랑곳없이 청아한 목소리로 종이에 그림을 그려가며 설명하기 시작했다.

의식의 8단계

"사람이 세상에 태어나서 가장 많이 마음을 빼앗는 것이 먹고 사는 거예요. 이를 우리는 '생존단계'라고 하죠. 이 생존단계는 오직 먹고 사는 것이 최고의 가치가 돼요. 그래서 이 단계에 마음을 빼앗기게 되면 항상 무엇을 먹을까? 어떻게 해야 돈을 많이 벌 수 있을까? 늘 이런 생각을 하게 되는 거지요. 이 단계에 있는 사람들은 입버릇처럼 '새끼들하고 먹고살자니', '목구멍이 포도청이라', '다 먹자고 하는 것인데……', 이런 말을 무슨 철학의 명제처럼 입에 달고 살죠. 그러나 똑같이 고생해도 이렇게 말하지 않는 사람들도 있어요. '우리도 어렵지만 저 사람들 도와주면 참 좋겠다.' 가난해도 사랑과 감사의 말로 다른 사람을 생각할 줄 아는 사람들도 있는 거예요. 그들은 비록 가난해도 의식이 먹고 사는 데 머물러 있는 사람들이 아니에요. 이러한 식(食), 주(住), 의(衣) 단계는 보통 60퍼센트 이상 해결되면 다음 단계로 생각이 성장할 수 있는데 그것이 '관계의 단계'예요.

이 단계는 기본적으로 먹고 사는 문제에 약간이라도 여유가 있어야 관심을 갖게 되죠. 생활에 여유가 생겨야 비로소 사람들을 만나러 다니고, 옷도 사고, 자동차도 사요. 이런 만남과 구매

행위 목적은 관계를 형성하기 위한 도구들이기 때문이죠. 새 옷 입고 아는 사람 만나지 모르는 사람에게 가지 않아요. 누구든지 아는 사람에게 새 옷 입고 새 차 타고 가서 자랑하고 싶은 거예요. 자랑을 하는 것은 무엇 때문이겠어요? 바로 칭찬이나, 인정을 받으려는 거예요. 그런데 이런 기본적인 욕구들을 가까운 곳에서 찾지 못하니까, 제비족을 찾게 되고 룸살롱을 찾아 그곳에 있는 아가씨들에게 인정받으려는 거예요. 그네들은 칭찬과 애교와 위로의 달인들이잖아요. 이를테면 돈 퍼준 만큼 잘난 체하고 인정받고 오는 거죠. 이런 것을 가정에서 부부 간에 부모와 자녀 간에, 서로 인정하고 칭찬해주면 훨씬 좋은 가정이 될 거예요. 이렇게 칭찬과 인정을 60퍼센트 이상 해줘야 해요. 그러면 사람은 칭찬과 인정받기에 대한 갈증에서 벗어나 자기 내면에 관심을 갖게 되지요. 이때 비로소 자신이 세상에 왜 왔으며 무엇을 위해서 살다가 가야 할지를 진지하게 고민하기 시작하는 단계가 열리는 거예요. 이때를 우리는 '자기발견 단계'라고 불러요.

자기가 궁금해지기 시작하면서 자신에 대한 공부를 시작하죠. 자기 자신의 성향도 이때 공부하고 자기 존재에 대한 발견이 이루어지며 구름 사이로 얼핏 보였던 존재의 빛에 대해서 궁금증을 가지기 시작하는 거죠. 이때를 '공부의 단계'라고 불러요. 이러한 공부가 시작되면 과거와는 전혀 다른 시각으로 세상과 자신을 바라보게 되죠. 자신에 대한 한없는 사랑과 감사를 발견하게 되고, 자신 안에 들어 있는 위대한 자산들을 발견하고 나아가 신성(神性)까지 발견하게 돼요. 이러한 자기에 대한 공부가 존재 발견으로 영과 혼, 육체와 마음, 생각과 언어, 감정과 행동에서 어떤 장애가 없이 마치 그물에 걸리지 않는 바람처럼 될 때, 나에 대한 공부는 마쳐지죠. 그리고 이제는 남을 향하게 돼요. 그래서 제5단계부터는 너에 대한, 그러니까 곧 남에 대한 삶을 살아갈 수 있는 힘과 사상이 주어지는 거예요.

5단계는 '성공의 단계'라고 불러요. 곧 세상에서 육체적이고 물질적인 부분에 대한 욕망의 감정이 없는 단계를 말해요. 여기까지 이뤄지면 세상에 대해서 궁금한 것도 없고, 목마름도 없어요. 오직 생명에 대한 경외심과 눈에 보이는 모든 만물을 사랑하고 존중하죠. 이때를 6단계인 '존중의 단계'라고 해요. 마치 부자가 자기 몸을 조심하듯, 가난한 노동자가 어느 날 로또에 당첨된 뒤에 갑자기 담배 끊고, 술 끊고 몸조심하듯, 군대 말년 병장이 그렇게 좋아하던 텔레비전 앞을 떠나 멀리서 자듯이(혹시라도 브라운관이 터질까 봐) 자신을 존중하는 만큼 세상의 모든 것을 소중하게 여기는 단계예요. 이때에는 모든 만물의 의미를 알게 되고, 그 존재하는 모든 것이 모두 세상에 어떤 의미를 가지고 있음을 알게 되죠. 그래서 함부로 대하지 않는 경외자가 되는 거예요. 이 단계를 지나야 비로소 남의 문제를 해결해주는 해결사(문제해결의 단계)가 돼요.

이런 분들이 마더 테레사 같은 분들이죠. 이들은 곧 실존이 휴머니즘이 되는 사람들이에요. 나 자신을 위해 사는 것이 다른 이들을 위해 사는 것이 되고, 이런 해결이 매일 지속적으로 반복되면 이때 마지막 단계인 기여의 삶을 살게 되요.

이들은 오직 이 세상의 문제들을 해결하고 누군가를 돕고 누군가에게 기쁨이 되기를 원하는 사람들이에요. 기꺼이 자신의 재산과 시간, 마음과 눈물을 다른 이들을 위해 나누는 거예요. 워렌 버핏이나, 빌 게이츠 같은 분들이죠. 우리나라에도 가수 김장훈이나 정혜영·션 부부 같은 사람들, 유한양행의 유일한 회장 같은 분들, 옥탑방 할머니, 이름 없이 기부하는 얼굴 없는 천사들, 김밥 할머니, 위안부 할머니 등 얼마나 많은 사람들이 이러한 삶을 살아가는지 몰라요. 이들의 이러한 하나같은 의식은 나눔과 너불어 함께하는 삶이 즐겁기 때문이지요. 우리의 삶의 목적 또한 이와 다르지 않다고 봐요."(부록2. 의식의 8단계 참조)

"휴우."

의식에 대한 단계별 설명을 마치자 온달은 사뭇 긴장하며 들었는지 긴 한숨을 내쉬었다.

  그리고는 자신은 이제까지 생존 단계에 머물러 있었으며 알게 모르게 쌓인 마음의 상처를 세상에 대한 불만과 불평으로 돌렸다고 고백했다. 속 좁게 살아온 자신을 어찌해야 좋을지 온달은 평강에게 물었다.

  "온달 씨, 아까 의식이 생존단계에 머물러 있는 것 같다고 하셨죠?"

  "네."

  "그렇다면 다음 단계가 뭐죠?"

  "관계라고 하셨나요?"

  "네, 맞아요. 우리는 다른 사람들과 올바른 관계를 형성해야 해요. 삐뚤어진 시각으로 타인을 바라보면 좋은 관계가 형성되지 않겠죠! 관계의 목적은 칭찬받고 인정받기 위해서라고 했죠?"

  "네."

  "온달 씨는 다른 사람들에게 인정받고 싶은 욕구가 많으세요?"

  "인정받고 싶지 않은 사람이 어디 있겠어요? 하지만 아무도 나를 인정하지 않고 무능한 바보라 하는데 어떻겠어요. 칭찬과 인정 같은 거 모두 포기했어요."

  "그 마음까지 없어진 건가요?"

"아니요. 지금도 나를 비난하는 소리는 두렵고 인정해주는 소리엔 밤새도록 그 말을 되새기느라 잠도 안 와요."

"그러면 누군가의 비난과 인정이 온달 씨의 마음을 빼앗고 있는 거군요?"

"그렇네요. 내 인생을 남이 흔들고 있는 거네요!"

"아, 물론 온달 씨의 인생을 흔들려고 일부러 그렇게 하는 사람은 없어요. 온달 씨 스스로의 마음이 그 말에 반응을 하기 때문이에요. 온달 씨에게 자기 자신에 대한 긍정 능력이 없어서 타인에게 매이는 거예요."

"자기긍정이 뭐예요."

"자기 자신에 대해서 밝은 면만 보고 어두운 면은 가리는 것도 정직하지 않은 거예요. 이런 사람들은 누가 자신이 숨기고 싶은 부분을 들춰내기라도 하면 분노나 슬픔 혹은 공격적인 반응을 보이죠. 반대로 어떤 사람은 자신의 어두운 부분만 인정하고 밝은 모습은 거의 드러내지 않아요. 이런 사람도 실상은 자기 자신에게 건강하지 않은 거예요. 이런 사람은 누군가가 자신의 긍정적인 모습을 드러내면 마치 다른 사람 이야기를 하는 것인 양 생각하는데, 그 속에는 모범생의 가면이 숨어 있어요. 언제나 자신을 드러내지 말아야 하고 교양 있고 겸손하게 살아야 한다는 교육으로 무장된 사람이거나, 아니면 자신을 실제로 한

심한 사람이라고 바라보는 사람이에요. 건강한 사람은 자신에 대한 양면을 모두 인정해요. 자기의 장점에 대해서도 긍정적이고 자기의 약점에 대해서도 사람에게 공개하여 도움을 요청하는 사람이 정말 건강한 사람이에요. 그런 사람은 다른 사람이 '이 사람 바보 아냐?'라고 말하면 '예 제가 그런 면이 없지 않아 있습니다. 늘 저도 그런 부분 때문에 마음이 많이 아픕니다. 저를 도와주셔서 제가 훌륭한 사람이 되도록 이끌어주십시오'라고 말해요. 이렇게 말할 수 있는 사람은 자기 자신에 대해서 긍정 능력이 강한 사람이고 이러한 사람이 타인에 대해서 목마름이 없으며 타인의 칭찬과 비난에 마음을 빼앗기지 않는 사람이에요."

연신 자신의 가장 부끄러운 부분들을 들춰내는 평강의 말에도 온달은 피하고 싶지 않았다. 그리고 오늘은 이 문제에 직면하고 평강 앞에서 마음껏 울고 싶었다.

"아, 그러면 저 자신에 대해 스스로 나는 바보라고 생각했던 그런 마음들도 올바르지 않았던 것이네요. 그러면 제 스스로 내가 부족한 부분도 있고 장점도 많은 사람임을 발견하면 더 좋겠네요?"

"온달 씨, 오늘은 밤이 늦었으니까 댁에 가서 쉬시고 내일은 일이 없으니까 댁에서 자기의 장점과 단점에 대해 생각나는 모든 것을 기록해 오실래요."

그리고는 평강은 무슨 비밀이라도 들려주듯 나지막한 소리로 입을 가리며 말했다.

"내일 저녁에 여기로 가지고 오세요. 두 개 합해서 100개 이상 기록해오면 제가 맛있는 저녁 해 드릴게요."

평강은 온달이 가장 좋아하는 음식을 눈앞에 차려놓듯 조곤조곤 들려준다. 그것을 듣는 온달의 표정은 마냥 행복하다. 개울가에서 삼겹살을 구워 곰치, 물잔대, 참나물에 싸서 막장을 찍어 먹는 산나물돌구이삼겹살은 대한민국에서 둘째라면 서러울 정도로 맛있는 음식이다. 보통 삼겹살 반 근을 먹던 사람도 돌구이삼겹살은 한 근 넘게 먹을 만큼 기막히게 맛있다. 온달은 풍광 좋은 숲속 개울가에서 아름다운 평강이 희고 고운 손으로 구워주는 삼겹살을 상상하자, 벌써부터 침이 돌았다. 온달은 꾸벅 절을 하고 집으로 돌아갔다.

온달이 시야에서 사라지자 평강은 어제 뉴스에서 본 아버지 평원에 대힌 충격적인 보도가 떠올랐다. '불쌍한 아버지, 끝내 이렇게 되셨구나.' 평강은 이미 전략기획실의 이정석 부장을 통해 상세한 내부음모를 보고받아 누가 주범이 되어 자기 아버지 회사를 빼앗았는지를 파악하고 있었다. 그러나 평강은 어떤 내색도 하지 않았다. 별장지기 노인이 무슨 말을 해도 평온한 모습 그대로였다. '어차피 우리가 꿈꾸는 곳은 아니야. 썩은 물은 모두 스스로 빠져 나가겠지.' 평강은 하늘의 별을 보며 알듯 모를 듯 나직이 읊조렸다.

•

온달의 자기긍정

오토바이를 몰아 집으로 달려온 온달은 공책을 꺼내놓고 오늘 숙제로 받은 자기긍정에 대해 생각했다. 조금씩 자기 존재를 알게 되자 온달은 자기긍정에 대한 부분이 너무 소중하게 느껴졌다.

온달은 자기 자신을 한 번도 긍정적인 모습으로 그려본 적이 없었다. 언젠가 회사의 워크숍에서 이런 비슷한 것을 한 번 해본 적은 있었다. 하지만 세 개를 적고 나자 더 이상 생각이 나지 않았다. 옆 친구는 별것도 아닌 것을 장점이랍시고 기록하는 것을 보고 '야, 무슨 여자 잘 꼬시고, 라면 잘 끓이는 것이 장점이냐'고 빈정댔었다. 그러나 생각해보면 그 친구 주변에는 늘 사람이 많았다. 회사생활도 잘해 이번에 과장으로 진급했다는 이야기를 들었다. 이제야 그 친구가 자기 자신에 대한 건강하고 올바른 자기수용의 자세를 가지고 있다는 것을 알 수 있었다.

온달은 마치 예전의 회사 친구에게 보란 듯이 자신의 공책에 장점, 강점 등 좋은 모든 점을 기록하기 시작했다.

온 달 의 장 점

온달은 호흡을 가다듬고 자신에게 솔직해지자 마음먹었다. '내가 가지고 있는 장점들이 어떤 것일까? 기준을 어떻게 설정할까? 다른 사람과 비교해서 기준을 잡을까? 아니면 일반적 능력이나 사회적인 가치와 같은 것을 장점이라고 할까 하다가 생각나는 대로, 그냥 마음 가는 대로 쓰기로 했다.

'착하다. 남을 괴롭히지 않는다. 잘 잔다. 잘 먹는다. 건강하다. 듬직하게 생겼다. 낭비하지 않는다. 생각이 단순하다. 남의 말을 잘 듣는다. 효자다. 사람을 좋아한다. 힘이 세다. 지치지 않는다. 누구하고도 잘 어울린다. 성실하다. 책임감이 강하다. 손재주가 좋다. 똑같은 일에도 짜증내지 않고 성실하게 한다. 불평불만이 없다.

이렇게 적고 보니 더 이상 적을 것이 없는 것 같았다. 숫자를 세어보니 19개. 진짜 내 장점이 이런 것밖에 없을까? 난 정말 무능한 사람인가? 그때 갑자기 사교적인 그 친구가 별것도 아닌 것을 다 자기 장점이라고 기록했던 것을 떠올리면서 누구나 다 가지고 있는 그런 것도 나의 장점이 될 수 있을까 하고 생각했다. '아냐. 그런 것들을 나의 장점이라고 생각할 수 있는 마음이 중요한 것이 아닐까? 아, 그렇구나. 그렇게 되면 나 자신에 대해서도 훨씬 긍정적인 마음을 갖게 될 거야. 그렇다면? 아, 나에게 아버지는 없지만 어머니가 살아계셔서 보고 싶을 때 볼 수 있고, 목소리 듣고 싶을 때 들을 수 있고, 맛있는 거 사드리고 싶을 때 사드릴 수 있는, 사랑을 줄 수 있는 어머니가 있는 것이 얼마나 큰 감사인가?' 온달의 생각은 자기 장점이라는 카테고리를 넘어 이미 감사의 영역으로 넓혀지고 있었다. 나를 위해 하늘에서 내려온 것만 같은 신비의 여인, 평강. 맑고 깨끗한 공기와 마실 물이 있는 아름다운 봉평. 푸르고 아름다운 산하. 나를 지켜주는 조국 대한민국. 무궁한 우주에서 가장 아름다운 녹색별 지구. 이 광대무변한 우주에서 이렇듯 깨닫고 살아 숨을 쉬도록 나를 있게 하는 모든 생명. 코로 숨을 쉴 수 있고, 입으로 음식을 먹을 수 있고, 누워 잠을 잘 수 있는 집과 일할 수 있는 땅. 그 땅에서 심장 뜨겁게 일하고, 그 대가인 맛난 밥. 온달의 눈에서는 서럽고 고마운 깨달음의 눈물이 뜨겁게 흐르고 있었다.

'아, 이렇게 내가 가진 위대한 점이 많은 것을 왜 예전엔 미처 몰랐었나.' 남의 것만 부러워하고 두려움과 불안 속에 살아온 수많은 시간이 너무 마음아팠다. 그 순간 온달의 뇌리에 아주 찰나지만 이 세상에는 회사에서 직위가 높든 낮든, 돈이 많든 적든, 건강하든 건강하지 않든 간에 얼마나 많은 사람이 하루하루를 불안 속에서 살아가고 있을까 하는 생각이 들었다. '아, 이런 것을 치료할 수 있는 방법이 자기를 인정하고 자기 자신이 가진 것들에 대해 감사하는 마음을 통해 쉽게 치료할 수 있는데, 이렇게 가까운 곳에 위대한 자기사랑의 비밀이 숨어 있는데 왜 사람들은 발견하지 못하는 걸까? 아, 이 아픔들을 내가 해결해 줄 수 있다면 그렇게 할 수만 있다면, 얼마나 좋을까.' 온달은 평강이 말해준 먹구름 사이로 비추는 저 높은 하늘의 환한 광명의 빛이 자기의 마음을 비추는 것만 같은 행복에 한없이 감사하며 하염없이 눈물만 흘리고 있었다.

강원도 평창군 봉평면 원길리 전나무골. 깊은 산골 컴컴한 방 안에서 일어난 온달의 깨달음을 지구상 누구도 알지 못했다. 다만 우주 한편에서 온달의 이러한 깨우침에 놀란 듯 초신성의 폭발이 일었다. 눈에 붙은 티끌이 떨어져나간 것처럼 온달의 마음은 가벼워졌고 이 세상을 보는 그의 눈은 사뭇 초연해졌다.

다음날 집으로 찾아온 온달의 깊은 눈을 본 평강은 온달이 크게 변했다는 것을 직감했다.

"혹시 밤사이에 무슨 일이 있었나요?"

"아, 그냥, '장점 기록하기' 하다가 내 안에 있는 많은 것을 발견하고 너무 감사함을 알았어요. 그런데 눈물이 왜 그리도 많이 나는지……. 나처럼 마음아프고 불안해하는 사람들 생각을 많이 했어요. 그들을 어떻게 낫게 해 행복한 인생을 살도록 도울까 하는 생각도 많이 했고요."

"짝짝짝. 원더풀."

연신 박수를 치는 평강의 눈엔 더없는 행복이 가득했다.

그랬다. 이제 의식의 기초는 마련된 것이다. 이러한 마음 위에 이 세상을 구할 큰 집을 지어야 한다. 그것은 당연한 일이다. 자기 마음에 감사와 사랑의 마음이 눈곱만치도 없으면서 이 세상에 대한 정의와 사랑을 말하면 안 된다. 자기부터 사랑하는 법을 배우고 감사의 마음이 샘물처럼 흘러야 아름다운 세상을 만들 수 있다. 이제부터 온달의 내면에 꼭꼭 숨겨둔 잠자는 지혜를 끌어올려야 한다.

존재가 만들어가는 꿈들

평강은 기쁨에 겨워 온달과 함께 집 뒤뜰 너머에 있는 개울로 갔다. 이미 그곳에는 노인이 돌을 달궈놓고 모든 준비를 마쳐놓았다. 세 사람은 개울에서 돌구이삼겹살을 향긋한 산나물에 싸 먹으며 즐거운 시간을 보냈다. 그리고 얼마쯤 지나자 노인은 말없이 주변을 정리하기 시작했다. 평강은 노인의 속내를 알 수 있었다. 노인은 먹고 남은 짐을 챙겨 집으로 돌아갔다. 남은 불기운에 주전자를 올려놓고 물을 끓인 평강은 온달에게 산에서 캔 당귀차를 건네주면서 물었다.

"온달 씨, 만약에 온달 씨가 고구그룹의 회장이라면 무엇을 해보고 싶으세요?"

"네? 회장이요? 저 그런 생각 한 번도 안 해 봤는데요."

"그러니까 지금 한 번 해보세요!"

"제가 회장이라면 하고 싶은 것을 다 할 수 있는 건가요?"

"그럼요. 뭐든지, 얼마든지."

"그렇다면, 이 세상에 가장 위대한 작품을 만들고 싶어요."

평강은 생각지도 못한 의외의 대답에 깜짝 놀랐다.

"작……품이요? 무슨 작품을 만들겠다는 건가요?"

"예, 휴대폰을 만들고 싶어요."

"아니, 휴대폰은 지금 세계 모든 나라가 다 사용하고 있는데 갑자기 무슨 휴대폰 이야기에요?"

"예전부터 이런 생각을 많이 했어요. 컴퓨터는 크고 무겁기도 하고 인터넷을 연결하거나 무선일 때도 생각만큼 편하지는 않아요. 그래서 세상에서 난다긴다 하는 IT 도사들이 밤낮없이 골머리 싸매고 연구하고 있잖아요. 저는 휴대폰 하나로 사람들의 몸, 마음, 감정, 언어와 행동을 바르게 잡아주는 세상에서 가장 똑똑한 길잡이를 만들고 싶은 거예요! 제가 많이 게을렀잖아요. 꼼짝하기 싫어하고 아침마다 이불만 껴안고 못 일어나는데, 그때 나를 더욱 편하게 해주는 것들이 있다면 얼마나 좋을까 하고 생각했어요. 회사업무도 알아서 해주고, 프레젠테이션도 알아서 준비해주고, 영어나 외국어도 그냥 우리말로 하면 알아서 통역해주고. 자동차 근처에 가면 휴대폰이 미리 알고 문을 열어주고, '시동' 하고 말하면 시동도 걸리고. 기분 나쁠 때면 휴대폰이 자동차의 음향시스템과 연결해서 마음을 편하게 해주는 음악을 틀어주고, 게다가 여러 가지 허브향이 때맞추어 차 안을 부드럽고 상쾌하게 해 감정을 달래주고. 몸에 이상이 생기면 휴대폰의 검사 프로그램이 내 몸의 파장을 스스로 인식해서 몸의 특정 부위의 질병을 미리 알려주고. 자가치료 프로그램을 설정하면 치료 파장을 만들어서 스스로 치료해주고……."

"아니, 잠깐만요. 그 작품이란 것이 결국 만능 휴대폰을 말하는 거예요?"

"네, 그런 거죠. 비록 공상일 수도 있지만 현대 과학으로 충분히 해낼 수 있고, 지금도 상당한 수준에 와 있다고 봐요. 요즘의 스마트폰이 거의 그런 수준이죠. 아마 멀지 않은 미래에 제가 상상한 휴대폰도 가능할 거라 봐요. 그리고 이 세상에는 필요한 것을 생각하고 만들어내는 사람과 그 결과를 누리는 사람 두 부류의 사람이 있잖아요."

생각은 결과를 낳는다. 평강은 드디어 올 것이 왔다고 여겼다.

"그렇다면 그런 휴대폰을 만들면 어떻게 될 것 같으세요?"

"몸과 마음이 아픈 사람이 없게 되고 언제나 평안하고 서로가 서로를 존중하는 행복한 세상이 되겠죠!"

"야, 휴대폰 하나로 유토피아를 만들 수 있다니."

"언젠가 그런 날이 반드시 오리라고 전 믿고 그렇게 될 수 있는 방법이 있나면 끝까지 만들어 보고 싶어요."

평강은 거듭 묻는다.

"그러면 어떻게 하면 그런 휴대폰을 만들 수 있을까요?"

"실은 그게 문제죠, 지금의 과학보다 한차원 높은 기술과 정보, 연구개발비, 그만한 인적자원, 연구기술설비 뭐 하나 빠져서는 안 되는 것들이죠. 모든 것을 다 갖춰야 하는데. 전 오직 이랬으면 좋겠다는 꿈만 있네요.”

“더 찾아보실래요? 가진 자원이 또 무엇이 있는지?”

“아, 아가씨가 있네요. 그리고 예전에 같이 퇴출당했던 친구들이 있는데……. 사실 그 친구들이 천재예요. 그 중에 조성재 대리는요, 서울공대를 나왔는데 이 친구 생각을 회사가 못 쫓아가요. 잘리기도 한 거지만 실은 제 발로 나왔다고 한 게 맞을 거예요. 그 친구도 틈만 나면 이런 생각했어요. 저는 그냥 이런 게 있었으면 좋겠다고 생각했는데, 이 친구는 이런 자신의 믿음과 신념이 반드시 이루어질 것이라고 확신했죠. 그런데 상사들은 미친놈이라고 치부했어요. 결국 생각은 다른 데 두고 건성으로 회사 다니다가 저하고 같이 잘린 거예요.”

“또 누가 있다면서요?”

“아, 문윤이. 이 녀석은 걸어 다니는 디자인이죠. 녀석은 뭐든지 떠오르는 것을 정확히 옮길 수 있는데, 그 감각을 지금의 회사들이 수용할 곳이 없어요. 지금 제가 말씀드린 일은 연구 개발하는 것이기 때문에 이 두 사람만 있으면 가능해요. 조 대리가 기술 부문을 담당하고 그것을 문윤이가 설계를 하면 됩니다. 저는 원래 제작담당이었으니까 설비와 제작은 제가 하면 돼요. 문제는 돈이죠. 돈이 있어야 하는데, 이 막대한 예산을 어떻게 조달해야 할지……. 집 가까운 곳에 땅이 3천 평 있지만 너무 산골짜기라 사지도 않고 설령 판다고 해도 턱도 없어요!"

갑자기 평강이 그 두 사람 찾을 수 있냐고 묻는다.

"네, 찾을 수 있을 거예요."

"온달 씨는 그 사람들을 먼저 찾으세요. 필요한 자금은 제가 어떻게든 만들어 볼게요!"

"아니 아가씨가 그 많은 자금을 어떻게 만들어요?"

"그것은 제 일이니까 걱정하지 마시고, 온달 씨는 빨리 그 분들을 수소문해 찾아오세요! 아니 그분들 이름만 가르쳐주세요. 제가 알아볼게요."

"당장 찾아서 데리고 오면 연구는 어디서 하죠?"

"제가 별도로 마련한 연구소와 건물이 몇 동 있어요."

"아니 그런 게 있었어요?"

"네, 여기서는 안 보이는데 잠깐이면 되니까 가보실래요?"

"야, 정말로 엄청나네! 아니 마치 《신이라 불리운 사나이》 만화책 주인공 같아요."

"호호호, 그냥 따라오세요."

개울에 놓인 징검돌을 몇 개 건너 얼마쯤 걸어 작은 언덕을 넘어갔다. 거기엔 사방이 훤히 트이고 널따란 잔디밭에 큰 건물 한 동과 별채로 지은 건물 세 채가 있었다.

“아니 이런 깊은 숲속에 언제 이런 건물을 지어놓으셨어요?”

“네, 이런 날을 꿈꾸고 몇 년 전부터 조금씩 짓다 보니 이렇게 되었네요. 어쩜 사람 수하고 건물 수도 잘 맞고. 한번 들어가 보실래요?”

평강이 안내한 연구동은 고구그룹의 최첨단 연구개발실 시스템과 제작공장까지 모두 한꺼번에 옮긴 듯했다. 온달은 궁금했다.

“아니 아가씨도 원래부터 휴대폰 제작을 생각하셨던 거예요?”

평강은 비밀이라도 들킨 사람처럼 조금 발그레해진 얼굴로 별것 아니란 듯 말한다.

“네, 결국은 손바닥 같은 세상이 될 것이잖아요!”

온달은 이 여인의 속모를 깊이가 대체 어디까지이며 자신을 어디로 이끌고 갈 것인지 두렵기도 하여 평강의 얼굴을 아연하게 바라보고 있었다.

잠시 기다리라고 하더니 평강은 커피를 내놓았다.

"드셔보세요, 청주에 사는 친구가 보내준 루왁 커피예요. 다섯 가지 맛을 느낄 수 있고 마신 뒤의 개운함과 은은한 향이 일품이랍니다.

"아, 그 고양이가 커피콩을 먹고 소화를 못시켜서 똥으로 나온 커피를 말하는군요."

커피를 입으로 불며 한 모금 천천히 마신 온달은 참 묘하고 독특한 맛이라고 했다. 평강은 그런 온달을 보며 천천히 말한다. "커피를 마시거나 그냥 창밖을 바라보거나, 화장실 혹은 침대에 누워 있을 때, 혹은 차를 타고 갈 때, 이럴 때 뜬금없이 어떤 생각들이 떠오를 때가 많지요? 그때 우리의 뇌가 트랜스되면서 무의식 상태와 겹치게 돼요. 유일하게 잠들지 않고 무의식에서 주는 정보들을 얻게 될 때가 그런 때에요. 저는 이 커피를 마실 때에 많은 그림이 그려져요. 아, 이 세상 모든 사람이 아프지 않고 건강할 수 있다면 얼마나 좋을까. 이 세상의 모든 병을 낫게 하는 치료제가 있다면 우리 엄마도 일찍 돌아가시지 않았을 텐데. 이 커피를 마시면서 그런 생각을 해서인지 커피를 마실 때마다 그런 생각이 많이 들어요. 이런 것을 앵커링되었다고 하는데 그 것을 응용해서 과거의 아픔이나 슬픈 기억, 지우고 싶은 정보들 이 있을 때 지울 수 있어요."

"어떻게 하나요?"

"온달 씨도 회의 중에 다른 사람들 앞에서 상사에게 야단맞았 던 기억이 상처가 됐잖아요. 그럴 때 온달 씨도 모르게 어떻게 하지요?"

"아, 별로 생각을 안 해봤는데……. 가만히 생각해 보면 고개 를 폭 수그리고 아랫입술이 튀어나오고 이를 앙다문 것 같아 요."

"그렇게 되면 어떻게 됐나요?"

"그러면 가슴이 두근거리며 얼굴에 열이 나고 혈압이 올랐고 요. 마음은 슬퍼지고 얼굴도 울상이 됐고, 말도 더듬거렸던 것 같아요. 요즘도 그때를 생각하면 똑같아져요."

"그러니까 온달 씨, 아직까지 뇌에서 정보가 사라진 것이 아 녜요. 그냥 생각이 안 날 뿐이지 정보는 여전히 남아 있어요."

"그러네요. 그러면 어떻게 해야 돼요?"

온달은 커피를 한 모금 마시면서 물었다.

"커피 잔을 내려놓으시고 눈을 감아보세요. 그리고 옛날에 기 분 나빴던 일들을 다시 떠올려보세요."

온달은 예전 상사들의 얼굴을 떠올렸다. 여직원들 앞에서 손가락질 받아가며 야단을 맞았던 기억을 떠올리자, 자기도 모르게 아랫입술이 약간 밑으로 튀어나오고 가슴이 두근거리며 얼굴이 붉어졌다. 평강의 음성이 들려왔다.

"온달 씨, 지금 그 상태에서 가장 기분 좋고 행복했던 일을 떠올려보세요. 어떤 것이 있을까요? 어떤 생각을 하시면 가장 기분이 좋아요?"

온달은 눈앞에 있는 이처럼 아름답고 지적인 여인 평강이 자신의 팔짱을 끼고 자신의 어깨에 머리를 살며시 기대고 긴 머리를 날리며 함께 숲길을 걷는 모습을 상상했다. 그러자 온달의 입가에 잔잔한 미소가 번졌다. 이때 평강의 부드럽고 청아한 음성이 들려온다.

"눈을 떠보세요."

온달은 눈을 뜨기가 싫었다. 그냥 그대로 생각이 현실이 되었으면 싶었다. 평강의 맑은 목소리가 부드럽게 또 들려온다.

"자, 눈 뜨기 싫으시면 다시 기분 나빴던 과거를 떠올려보세요."

온달은 생각조차 하기 싫은 불쾌한 기억을 떠올렸다. 맨 먼저 장 부장이 술좌석에서 '미련하기로는 올림픽 금메달 감인 놈'이라고 손가락질 하던 말이 떠올랐다. 아까처럼 입술이 튀어나오고 고개가 떨궈지면서 다시 혈압이 오른다. 그때 평강이 다시 말했다.

"온달 씨, 이제 가장 행복하고 즐거운 일을 다시 떠올려보세요!"

온달은 자신이 그렇게 빨리 생각을 전환하리라고는 전혀 예상하지 못했다. 손을 씻을 때마다 지난번에 평강의 향수 냄새를 맡으며 오토바이로 평강을 집에 데려다 줄 때가 생각났다. 자신의 등 뒤에 바짝 붙어서 향기 나는 손으로 자신의 허리를 꼭 끌어안았던 평강이었다. 온달의 감미로운 기억은 전류처럼 온몸을 타고 들어왔다.

이때 평강이 다시 불쾌한 생각을 한 가지만 더 해보라고 했다. 온달은 회사에서 구조조정 대상자에 올랐다면서 퇴사명령을 받았던 때를 떠올렸다. 아까와는 달리 눈가에 파르르 경련이 일면서 얼굴이 화들짝 달아올랐다. 이때 다시 평강이 온달에게 다시 가장 기분 좋은 상상을 주문했다. 온달은 나중에 평강하고 결혼해서 평강을 닮아 반달눈이 예쁜 딸아이와 함께 셋이서 즐겁게 식사하는 것을 상상했다. 온 얼굴에 밝은 빛이 가득 퍼졌다. 다시 평강의 목소리가 들려왔다.

"자, 온달 씨, 이제 됐어요. 수고 많으셨어요. 그리고 아까 기분 나빴던 생각을 다시 한 번 떠올려 보실래요?"

온달은 불쾌한 것을 떠올리려 했으나 자기도 모르게 평강과의 즐겁고 행복한 시간들만 떠올랐다.

"어, 기분 나쁜 게 안 떠오르고 행복하고 즐거운 생각이 먼저 떠오르는데요."

"됐어요. 이제 온달 씨의 뇌에 불쾌한 정보들이 몸의 기억과 연결이 끊어지고, 이제는 유쾌한 정보들과 새롭게 연결되었어요. 내 몸의 주인은 나예요. 내가 원하는 몸을 만들어야지 과거의 아픈 감정 속에 파묻혀서 매일 자기를 학대해서는 안 돼요. 사람들이 이런 방법을 모르기도 하지만, 일부러 이런 슬픈 감정을 즐기려는 부류도 많아요. 결국은 사랑받고 싶고 인정받으려는 욕구 때문이지요. 누가 이런 자신에게 조금이라도 사랑과 인정을 보이면 그 사람의 전부 아니면 일부가 되는 거예요. 그가 자신에게서 조금이라도 멀어지면 죽고 싶을 만큼, 모든 생각과 감정이 그에게 편중된 거죠. 인간은 스스로 자신을 사랑할 때 더 큰 자유와 보람을 느낄 수 있어요. 자신을 사랑하지 않으면서 남을 사랑한다는 것은 거짓이에요. 사랑은 의무와 책임감으로 완성할 수 없어요. 자기를 사랑하지 않고 타인을 사랑하는 일은 더 외롭고 더 힘들뿐이죠. 자, 이제는 이런 뇌가 원하지 않는 정보로 고통받던 과거로부터 자신을 해방시켜 주어야 해요."

온달은 조금 남은 커피를 마시면서,

"그러면 과거를 지우는 것도 과거를 정직하게 대면하지 않는 것 아닌가요?"

하고 물었다.

"그럴 수도 있죠. 그러나 과거는 두 가지 의미에서만 받아들였으면 좋겠어요. 첫째는 바르게 살아온 삶에 대한 자기 인생의 긍정적인 자기인식으로, 둘째는 잘못 살아온 과거 때문에 오늘을 진실하게 다시 살도록 하는 차원에서만 과거를 인식해야 해요. 몸은 여기 있는데 과거의 잘못된 정보로 자신의 현재를 괴롭혀서는 안 된다는 거예요. 얼마나 많은 사람이 과거의 아픔과 괴로운 정보들로 고통을 받나요. 과거의 사건은 이미 지나간 것인데, 그 사건에 대한 기억과 정보들로 고통을 당하는 거예요. 좋은 기억들도 비슷해요. 힘들 때 과거의 좋은 기억으로 어려움을 이겨낼 용기를 받는 것은 아주 중요하죠. 그러나 오늘을 회피하기 위해서 과거의 행복했던 기억 속에서만 머물고 있는 것도 오늘을 정직하게 사는 것은 아녜요. 생명은 지금 여기에서 눈뜨고 바라보는 현실이에요. 지금 먹는 것, 만지는 것, 숨을 내쉬고, 냄새 맡는 모든 것을 마음껏 누리는 것이 인생의 축복이고 은혜예요. 몸은 여기 있는데, 생각은 과거나 혹은 미래의 몽상 속에서 살면서 얼마나 많은 사람이 고통을 겪고 있어요? 지금 온달 씨가 과거의 정보에서 100퍼센트 해방된 것은 아녜요.

단지 자신이 원하지 않고 생각하고 싶지 않은 기억들이 자꾸 떠올라 몸을 괴롭힐 때마다, 이런 방법으로 좋은 기억들로 연결시키라는 거예요. 우리 뇌는 현실적인 시간에 대한 감각이 없어요. 그냥 떠올리면 과거도 현실이고 미래도 현실로 인식하죠. 그래서 온달 씨도 과거의 아픈 기억들로부터 빨리 자신의 몸을 편안하게 해주셔야 해요."

평강은 부엌으로 가 아예 커피 주전자를 들고 와 뜨거운 커피를 온달의 잔에 부어주며 궁금한 듯 물었다.

"아까 행복한 생각을 하라고 했을 때 생각이 빨리 전환됐어요?"

온달은 '아, 네'라고 대답하면서도 무슨 생각을 했냐고 물어보면 어떻게 말해야 하나 하고 얼굴이 붉어졌다.

"잘 떠오르던데요."

"무슨 생각을 하셨는데요."

"아, 네. 그냥, 평강 선생님하고 산책하고 뭐 그런 생각했는데요."

"아니, 세 번을 다 그 생각만 했어요?"

"아뇨."

"솔직히 말해보세요. 생각은 실재하는 현실이잖아요."

"그게 무슨 말씀이에요?"

"온달 씨, 보세요. 지금 온달 씨가 봉평에 와서 사는 것이 먼저예요, 고향에 가서 어머니 모시고 농사짓고 살겠다고 생각한 것이 먼저예요?"

"아, 그야 생각한 것이 먼저죠."

"그럼 생각대로 됐나요, 안 됐나요? 지금 입고 있는 옷이나 신발도 내게 좋고 남 보기에도 좋을 것 같아서 샀고, 결국은 지금 온달 씨 몸과 함께 있는 거잖아요."

"그러면 뭐든지 생각한 대로 된다는 말인가요?"

"그럼요. 생각이 결과를 낳는 거예요. 옛말에도 일체유심조(一體唯心造), 곧 모든 것이 마음먹기에 달렸다고 했잖아요. 우리 재미있는 거 하나 해보실래요?"

·

센 터 링

"우리의 몸도 생각에 따라 반응한다는 것은 경험으로 알잖아요."

"네."

"온달 씨, 손목을 보면 가로로 줄이 서 있잖아요. 두 손의 줄을 맞춰서 합해보세요. 똑같이 잘 맞춰보세요. 온달 씨는 오른쪽 손가락이 조금 기네요. 우뇌를 많이 활용한 사람들이 이렇게 오른손이 조금 길어요. 자, 이제 짧은 왼손을 쫙 펴고 가운뎃손가락을 보세요. 그리고 저를 따라 하세요. '길어져라, 길어져라, 길어져라.'"

천천히 세 번을 따라 하자 이상하게도 손가락이 스멀거리며 어떤 에너지의 변화가 일어난 것 같았다.

"아까처럼 다시 재보실래요?"

온달은 호기심 반 기대감 반으로 천천히 손목의 줄을 맞췄다. 놀랍게도 왼손가락이 길어져 오른손과 똑같아져 있었다. 평강은 온달에게 이번에는,

"길어진 손을 다시 펼치고 생각으로만 다시 손가락이 줄어든다고 상상해보세요. 손가락이 손바닥 안으로 쑥쑥 들어간다고 생각하세요."

하고 말했다. 다시 평강이 시키는 대로 하자, 실제로 손가락이 짧아져 있었다. '내 몸의 변화에 대한 느낌이 평소에 하는 크고 작은 생각과 맞물려 있었구나!' 이것을 깨달은 온달은 소름이 다 끼쳤다. 옛날 어렸을 때 교회에서 들은 '여인을 보고 음욕을 품은 자는 이미 간음하였느니라'는 성경 말씀이 떠올랐다. '아, 생각만 해도 이미 내 뇌에서는 실제의 사건처럼 정보화되는구

나. 아, 생각 하나가 얼마나 중요한 일인가? 얼마나 많은 사람들이 나쁜 생각을 떠올려서 나쁜 결과를 만들었을까? 자살하는 연예인도 이런 생각을 많이 했겠구나. 아, 이제는 이런 사람들, 나쁜 생각을 하는 사람들을 만나면 생각을 바꾸도록 도와줘야겠다. 훌륭한 사람들은 좋은 생각 훌륭한 생각만을 떠올리는구나. 아, 진짜 생각이 중요한 것이구나. 이제부터는 좋은 생각만 해야지. 원하는 것만 생각해야지.' 이 깨우침으로 온달의 마음은 한층 깊어졌다.

"무엇을 깨달으신 게 있으세요?"

온달은 스스로 다짐하듯 진지하게 대답했다. 그리고 자신의 엉뚱한 상상도 말했다.

"저는 이제부터 원하는 것만 생각하고 좋은 생각, 훌륭한 생각만 할 거예요. 그런데 사실은 아까 제가 평강 님하고 결혼해서 선생님 닮은 반달눈 가진 예쁜 딸하고 셋이서 즐겁게 맛있는 거 먹으러 다니는 생각했거든요. 생각대로 이루어진다면 꿈만 같을 거 같은데, 그런 것도 가능할까요?"

평강은 깨우쳐가는 한 소중한 영혼을 바라보면서 나지막이 말했다.

"간절히 원한다면 이루어지겠죠!"

온달은 이런 말을 듣는 것조차 꿈을 꾸는 것 같았다. 이 여인과 함께 살 수만 있다면 자신은 무엇이든 다 할 수 있을 것만 같았다. 그런 온달이 꿈에서 깨어난 사람처럼 묻는다.

"그런데 선생님은 대체 누구세요?"

온달을 보는 평강의 눈은 깊었지만 대답은 짧았다.

"나중에 시간이 지나면 차차 알게 될 거예요!"

온달 앞에 서 있는 큰 나무 같은 여인. 자신이 사랑하기엔 너무나도 크고 넘쳤다. 남녀의 사랑보다 차라리 스승의 사랑과 제자의 외경하는 마음이 더 잘 어울릴 것 같았다. 그래도 결혼해서 함께 살 수만 있다면 얼마나 좋을까 하는 생각엔 변함이 없었다. '그러나 집착하지는 말자. 그냥 그렇게 되면 좋겠지만 그렇게 되지 않아도 단지 이 분을 사랑할 수 있는 것만으로도 나는 행복하니까. 사랑할 수 있는 사람이 내 눈앞에 이렇게 나를 위해 식사를 준비하고 차를 끓여주는데 더 이상 무엇을 바라랴.' 온달은 그렇게 마음을 정리하고 집에 가야겠다고 일어서는데 오늘은 평강이 그를 잡는다.

"온달 씨, 오늘은 여기에서 주무세요."

"네? 무슨 일이라도 있으신 건가요?"

"아니요, 밤에 좀 고요할 때 훈련 하나 더 하시라고요."

"무슨 훈련인가요?"

"앞으로 세상에 나가서 큰일을 하실 텐데, 무수한 말을 듣게 될 거예요. 또한 일을 잘해야겠다는 강박관념 때문에 항상 불안하고 초조해질 수 있어요. 그 원인은 바로 에너지 부족, 그러니까 힘이 부족해서 불안한 거예요.”

“네? 힘이 없다고요? 전 가진 게 힘밖에 없는 사람인데요.”

“아네요, 온달 씨. 한 번 제 앞에 서보세요.”

온달이 엉거주춤한 자세로 엉덩이를 뒤로 빼며 평강 앞에 섰다. 평강이 피식 웃더니 허리를 바로 세워보라고 했다. 허리를 쭉 펴자 지금까지 잠들었던 척추가 우드득 하는 소릴 내며 몸이 시원해졌다.

“자, 그대로 서 계세요.”

평강이 온달의 가슴에 양손을 대고 팔을 쭉 뻗자 온달은 뒤로 밀려 휘청거렸다.

“거 봐요. 힘없이 뒤로 밀리면서.”

“에이, 선생님이 미니까 밀렸지. 안 밀릴 사람이 어디 있어요?”

“그러면 저를 한번 밀어보실래요?”

“아이고, 제가 어떻게 그 몸에 손을 대요?”

“아니, 그런 사람이 아이는 어떻게 낳겠다고 그래요?”

“네에?”

도무지 온달은 지금 무슨 말을 해야 할지 몰랐다. 그렇게 멍하니 있자 평강이 온달에게 다가오더니 그의 양손을 잡아 자기의 가슴 쪽으로 가져갔다. 온달은 순간 정신이 아득해지면서 눈을 질근 감았다.

"눈 뜨세요. 아니 지금 뭘 할 건데 그렇게 긴장하고 그러세요."

평강은 온달의 두 손을 자기의 양어깨에 대게 하고 잠시 눈을 감는 듯하더니 온달에게 자신을 밀어보라고 했다. 온달은 이 가녀린 여자가 도무지 무엇을 하려는 건지 알 수 없었다. 처음에는 명색이 남자라고 천천히 밀어보았다. 꿈적도 하지 않았다. 다음 번에는 좀더 세게 밀었다. 그래도 마찬가지였다. 마치 바위를 미는 것 같았다. '아니, 이게 어찌된 일이야? 왜 꿈적도 안 하는 거지?'

"온달 씨, 이번에는 방법을 가르쳐드릴 테니 온달 씨가 한 번 해보세요. 온달 씨, 문지방에 발 쩌본 적 있어요?"

"그럼요, 엄청 많지요."

"그럴 때 무슨 생각이 났어요?"

"생각은 무슨 생각이 나요? 아파죽겠는데……."

"바로 그거예요. 발을 찐 순간은 모든 정신이 발에 가 있기 때문에 머리가 텅 비게 되는 거예요. 일체의 사고행위를 안 하기 때문에 그 순간은 두려움조차 사라지죠. 발이 고통을 겪고 있는

데 누가 회사 걱정을 하나요. 짧은 순간이지만 우리는 아무 생각 없는 세계를 경험하게 되죠. 그리고 더욱 중요한 것은 이러한 생각 없는 세계가 내 안에 있으며, 원한다면 얼마든지 경험할 수 있다는 것이죠."

"그게 아까 밀리지 않는 것과 무슨 상관이 있나요?"

온달은 너무 신기해 호기심에 가득 차 물었다.

"아, 보세요. 생각이 많을 때는 온통 생각에너지가 머리에 가득 차 있죠? 에너지는 입자와 파동으로 되어 있으며 그것은 보이지 않는 질량을 가지고 있어요. 질량에는 관성 질량과 중력 질량이 있죠. 그래서 생각이 많으면 머리가 무거워지고 열나고 골이 아픈 거예요. 열이 나니까 머리도 빠지고요. 그런데 오뚝이가 안 쓰러지는 이유는 무엇인가요?"

"아, 무게중심이 아래에 있어서 그런 거잖아요."

"맞아요. 우리도 마찬가지예요. 생각의 무게를 발에다 두면, 에너지가 발에 가 있으니까 머리가 쉬게 되고, 에너지가 있는 곳은 따듯하니까 발이 따듯해져요. 혈액순환이 온전치 못해서 늘 손발이 차고 저린 사람도 혈액순환이 원활하게 되니까 시리고 저린 것이 사라지고 머리는 시원해져요. 옛날 분들이 말한 두한족열(頭寒足熱), 곧 머리는 시원하고 발은 따듯해야 건강하게 된다는 원리도 바로 이런 거예요. 지극히 작은 일이지만 생각

하나만 옮길 줄 알아도 건강을 지킬 수 있어요. 자, 이제 생각을 발로 옮겨 보세요!”

“생각을 발에다 옮긴다는 말이 무슨 뜻인가요. 이해가 잘 안 돼요.”

“아, 그러면 발을 생각해보세요. 단 머리에서 발을 떠올리지 마시고 발을 느껴보세요. 약간 꼼지락거리기도 해보고, 온도나 습도 같은 것도 느끼면서 발이 느껴지면 약간 끄덕하고, 다시 발에 집중해보세요!”

온달은 생각을 몸으로 옮겨 느껴보는 것이 상당히 어려웠다. 발을 느끼다가도 금방 평강의 손 향기에 다른 생각이 떠올랐다. 그때였다. 냉정하고 침착한 소리가 귓속을 울렸다.

“집중하세요! 왜 그렇게 잡념이 많아요?”

“저, 부탁이 하나 있어요.”

“무엇이에요.”

“선생님 손에서 나는 향수 냄새에 자꾸 마음을 빼앗겨요. 그것을 없애주시면 잘할 것 같은데.”

“알았어요. 일단은 그렇게 시작해보세요.”

씻고 온 평강의 손에는 은은한 비누향이 아직 남아 있었지만 자수 맡던 터라 온달은 의외로 어렵지 않게 발에 집중할 수 있었다. 평강의 손이 자신의 몸을 미는데도 그는 마치 거대한 암

벽이라도 된 것처럼 꿈쩍도 하지 않았다. 평강이 다시 화장실에 갔다 오더니,

"이번에 한 번 더 해볼게요. 다시 집중하세요."

하고 말한다. 이번에도 어렵지 않게 발에 집중하고 있는데 평강의 손이 자신의 가슴께로 오는 순간 아까의 그 향수 냄새가 다시 생각을 마비시키려고 했다. 그때 평강의 말이 들려온다.

"발에 집중하면서 향은 코에서 흘려버리세요."

도무지 그 말뜻을 이해할 수 없었다.

"자신이 이 향기와 무관한 사람이라고 생각하고 발에만 집중하세요. 향기를 받아들이지 말고 그냥 흘러가게 두라는 거예요."

그제야 온달은 무슨 뜻인지 알아듣고 향기를 자신과 아무 상관이 없는 그냥 지나가는 사람의 냄새라고 생각하면서 발에만 집중했다. 서서히 발에 따듯한 열감이 전해졌다. '아, 이런 경험을 하다니.' 서서히 자신의 가슴을 밀어오는 평강의 손과 짙은 향수 냄새조차 아무런 흔들림 없이 받아들이는 경험을 한 것이다. 온달은 '아, 그렇다면 밖에서 들리는 시끄러운 소음도 나와 상관없는 소리로 흘려버릴 수 있겠구나. 나를 향한 비난의 말도 다 흘려보낼 수 있다면 얼마나 편하게 살 수 있을까?' 하고 생각했다. 온달은 자신이 청각형이라 의외로 타인의 말이나 소리에

민감하다는 것을 알고 있었다. 회사생활을 할 때 얻었던 아파트가 찻길과 가까워 깊은 잠을 못 들어 고생했던 때가 문득 떠올랐다. 다른 생각에 빠져 있으면 아무리 크게 음악을 틀어놓아도 전혀 들리지 않는 것처럼 이것도 의도적으로 그렇게 만들 수 있구나. 그 순간이었다. 평강이 온달에게 빠르게 묻는다.

"무엇을 발견했나요. 의식을 다른 곳으로 옮기는 경험을 통해서 당신에게 알려진 것이 무엇인가요?"

온달은 평강의 목소리조차 귓전으로 흘려가며 여전히 모든 의식을 발에 집중하고 있었다. 목소리는 들렸지만 의식하지 않는 관찰자의 상태를 유지할 수 있게 된 것이다. 온달은 이제부터 자신을 비난하는 사람들 앞에서도 의식의 중심을 다른 곳에 두고 흘려보낼 수 있을 것 같았다. 스트레스 처리 능력이 이런 거였구나. 사교적인 사람들은 태어나면서부터 이마 앞부분의 전두전야 부위가 발달해서 도파민이라는 행복물질을 만들어낸다. 그러니 스트레스가 발생해도 자기 뇌가 알아서 즐거운 방향으로 생각을 정리한다. 하지만 온달은 비사교적이고 한 가지 생각에 빠지면 몰입하는 스타일이라 스트레스를 오히려 강화시키는 타입이었다. 그래서 회사생활도 힘들었다. 이런 깨달음을 얻고 나니 갑자기 아랫배 쪽에서 따뜻한 기운이 올라왔다. '아, 내 몸과 깨달음은 하나였구나! 내가 깨달으면 몸도 깨닫는구나. 그러면 몸을 깨닫게 해주면 생각도 깨달음을 얻는 것일까? 그것까지는 잘 모르겠다.' 여기까지 깊은 의식의 나래를 펼치고 있는데 평강이 이제 말이 들리냐고 묻는다. 눈을 떠보니 바로 코앞에서 자신을 들여다보고 있는 것이 아닌가? 평강의 그 감미롭고 황홀한 향기조차 몰랐다니…….

"무언가 변화가 있었나 봐요?"

온달은 자신의 짧은 깨우침을 차분하게 설명하고 평강의 목소리를 실습 대상으로 삼았노라고 했다. 평강은 깔깔대며 박수를 쳐댔다.

"브라보! 내가 사람을 잘 골랐나 봐요. 너무 성장이 빨라요. 너무너무 좋아요."

"저, 질문이 있는데요?"

평강은 반짝이는 눈을 온달에게 깊이 주면서 다음 말을 기다렸다.

"생각을 변화시키고 생각의 힘을 이동하는 것을 깨우치고 나니까, 이제는 안 좋은 말을 들어도 흘려보낼 수 있는 사람이 된 것 같아 너무 좋아요. 그런데 그것을 깨우치는 중에 따뜻한 열감이 배에서 올라오는 것을 느꼈어요. 그래서 인체와 생각의 깨우침이 하나라는 것을 느꼈거든요. 그렇다면 거꾸로 배를 따뜻하게 해주거나 몸에 에너지를 흘려보내면 의식도 같이 성장하는 것인가요?"

"호호호. 온달 씨, 이제 몸의 언어를 익히시는 거예요. 온달 씨 손가락 마지막 마디를 구부려보세요!"

"아니 그게 어떻게 구부려져요? 저는 안 돼요. 두 번째 마디부터 구부려져요."

"호호호. 우리 몸이 이미 그렇게 습관화돼서 그러는 거예요! 그냥 나머지 손가락이 없고 마지막 마디만 남았다고 생각하고 해보세요."

"그게 돼요?"

"자, 조용히 손가락을 들여다보면서 머릿속에서 생각을 손끝 마지막 마디로 옮기세요. 다른 손은 없다고 생각하시고."

하지만 이게 어쩐 일인가? 평강의 손가락은 자연스럽게 구부러지는데 온달은 아무리 애를 써도 되지 않았다.

"손이 구부러지는 게 아니에요. 먼저 마음에 들어 있는 손가락이 구부러져야 하는 거예요. 오늘 이런 거 연습하시라고 가지 말라고 한 거예요. 오늘이 돌아가신 엄마 생일이기도 하고, 혼자 있기 쓸쓸할 것 같아서……. 오늘은 여기서 훈련하시다가 옆방에서 주무세요."

"네, 어머니께 전화 한 통 드리고요."

온달이 어머니에게 전화를 한 뒤에 평강에게 물었다.

“오늘 손가락 구부러지는 거 하는 거예요? 될 때까지?”

“아녜요. 그것은 틈나는 대로 하시고 오늘은 소주천 행공을 배우셔야 해요.

“소주천이요? 그것은 또 뭐예요?”

“우리가 조금 전에 한 것은 생각을 다른 곳으로 이동하는 센터링 기법이고요. 센터링이 우리 몸 가운데서 무의식적으로 일어나도록 하려면 인체에 에너지 흐름이 강해야 해요. 소주천 행공은 우주 공간에 흘러 다니는 우주에너지를 우리 몸과 하나의 흐름으로 만드는 거예요. 머리꼭대기의 백회혈로부터 우주에너지를 받아들여 항문과 성기의 중간에 있는 회음부에 이르기까지 에너지를 순환시키는 운동이에요. 이것을 몸 가운데로 센터링하면 엄청난 우주에너지로 지치지 않고 생활하게 돼요. 특히 마음이 흔들릴 때면 이러한 힘의 순환 채널이 자동으로 돌면서 중심을 잡아주어 평정심을 유지할 수 있어요.”

“아, 그런 게 다 있나요. 선생님은 언제 그런 것을 공부하셨나요.”

“한국에 있을 때는 오히려 관심이 없었는데, 미국에 유학 갔을 때 이런 보이지 않는 인체의 에너지장에 대해 깊이 연구하는 물리학자들을 많이 만났어요. 제 은사님들도 이런 데 관심이 많았지만, 배울 곳은 없었지요. 그래서 방학 동안에 한국에 들어와 이런 수련을 하는 사람들에게 배워 미국 은사님들에게도 가르쳐 드렸죠. 하지만 그분들은 눈으로 검증되지 않는 이런 파워들과 에너지에 대해 연구하면서도 자신의 몸으로 느끼고 체득하기까지는 너무 오랜 시간이 걸렸어요. 합리를 좋아하는 좌뇌형 사람들이잖아요. 그런데 우리나라 사람은 우뇌형이 많아서 몸의 언어를 감각적으로 이해해요. 한국사람 특히 여자 중에 사격이나 골프, 양궁에서 세계적인 선수가 많은 것은 과녁을 머리에서 그릴 줄 알기 때문이죠. 한 마디로 감각적인 기술이나 능력이 한국사람의 탁월성이에요. 그런데 그것을 과학적으로 분석하거나 매뉴얼로 만들어 기록, 보존하는 것에는 관심이 없었어요. 판소리도 보세요. 악보 없이 스승이 제자에게 구전으로 전수했잖아요. 세상에 악보 없는 노래를 하루 종일 부르는 것도 우리 민족뿐이에요. 유교와 서양식 교육을 통해 그나마 좌뇌 교육을 받았기 때문에 이 정도 과학성이 더해진 것이죠. 그래서 일을 빠르고 제대로 해내는 민족이 된 거죠. 그 결과 30년 만에 세계 10위권의 경제대국이 될 수 있었던 거예요."

온달은 막힘이 없는 지식 체계와 정보 앞에서 이 여인은 마치 하늘에서 내려온 아름다운 전능의 천사고 자기는 보잘 것 없이 애만 태우는 나무꾼처럼 느껴졌다. 평강의 말이 계속 된다.

"온달 씨처럼 우뇌가 강한 분들은 이러한 에너지 훈련도 크게

어렵지 않을 거예요. 오늘 하룻밤 사이에 완전히 몸을 에너지
통로로 만들어 보세요."

"그게 하루에 돼요?"

"아니요. 일생을 꾸준히 해야 하지만 사람에 따라서, 특히 결
혼 안 한 순수한 남자의 몸일 때는 더 온전한 파워를 갖게 돼
요."

온달은 마치 무슨 무림강호에 들어와 어떤 기이한 인연으로
하루아침에 고수가 되는 중국영화가 떠올랐다. 그때 평강의 얼
굴이 빨개지면서 불쑥 묻는다.

"혹시 여자를 한 번도 가까이 한 적이 없으세요? 진짜 숫총각
이에요?"

한 방에서 남녀가 나누기에는 낯설고 쑥스러운 말이었다. 그
러나 온달은 짐짓 호기를 부린다.

"어험, 저 오리지널 사운드 트랙, 자연 그대로 진짜표 숫총각
입니다."

평강은 순간 놀랐지만 짐짓 표정을 바꾸고 예사롭게 말한다.

"그러면 옷을 편한 수련복으로 갈아입으세요."

"나 옷 없는데요."

"사이즈에 맞게 준비해 놓았으니, 가운데 파란 나무그림 있는
방으로 들어가서 샤워하시고 옷 갈아입고 나오세요."

어떤 영문인지 모르고 몸을 씻고 나오니 하얀 도복 같은 옷이 발 앞에 잘 개켜져 있었다. 혹시라도 하는 마음에 평강이 마련한 옷을 두 손으로 조심스럽게 집어 들고 천천히 코앞으로 가져갔다. 아늑하고 포근한 평강의 향기가 거기에 있었다.

갈아입은 옷은 편안한 수련복이었다. 허리에 띠를 두르자 공중을 날 것 같기도 하고 한 번 주먹을 뻗기만 하면 벽조차 뚫을 것 같은 생각이 들었다. 밖으로 나오자 평강도 어느 틈엔가 한 마리 학처럼 하얀 수련복으로 갈아입고 맑은 물 한 잔과 하얀 수건을 들고 서 있었다. 평강의 말씨도 방금 전까지의 온달 씨가 아닌 온달 님으로 바뀌어 있었다.

"온달 님, 이 물을 한 잔 드세요. 제가 에너지장으로 정화시킨 순수한 물이에요. 몸을 가볍게 하고 정신도 맑아질 거예요. 진한 차를 많이 마셨기 때문에 몸이 무거울 테니 드세요."

시원한 감로 같은 에너지수는 정화된 영혼으로 벼린 칼에서 배어나온 듯 맑고 투명하기가 서늘할 정도였다. 그리고 평강은 온달을 집밖의 작은 별채로 인도했다. 그 집은 수련만하도록 되어 있는지 마루 같은 다다미가 깔려 있고 사방에는 촛불이 켜져 있었다.

머리 위에는 신비롭고 은은한 오로라처럼 채색된 태극의 에너지 그림과 입자가 변형된 파동들이 감돌고 무형의 온기가 방 전체를 감싸고 있는 듯했다. 아마 평강이 이곳에서 특별 수련을 하는 자리인가보다. 온달은 범상치 않은 기운에 마음을 모아 하나가 되도록 고요하게 한다. 가운데 방석 위에 온달을 앉게 하고 평강은 온달에게 생각을 사용하는 법을 말했다.

"온달 님이 깨우쳤기 때문에 이제 내면의 에너지를 활용하는 법을 알려드릴 겁니다. 잘 기억하세요. 제가 말씀드리는 곳, 그 부위를 느끼셔야 합니다. 그리고 가만히 그곳에 집중하세요. 그러면 아주 색다른 에너지가 그 자리에 돌거나 찾아 들어오는 것을 느끼게 될 겁니다. 그것을 피하려 하거나 다른 잡념에 빠져들지 마세요. 들어오는 에너지에 그대로 집중해서 확대시키시고 인체의 부위를 따라 흘러가게 하면 됩니다. 아시겠어요?"

가운데 좌정한 온달은 예전의 모습은 사라지고 마치 고구려의 장수 온달이 살아 돌아온 듯 장엄하고 엄숙한 모습으로 미동도 않고 앉아 있었다.

"자, 이제 숨을 천천히 배꼽 아래까지 깊게 들이마시고요. 다시 코로 천천히 내 보내세요. 온달 님, 이제 온달 님의 정수리를 느껴보세요. 그리고 그곳에 동전 한 개만큼의 구멍이 뚫렸다고 생각해보세요. 뇌 속이 보이나요?"

온달은 살며시 고개를 끄덕였다. 좌뇌형은 자기 그림이 보이지 않는 데 비해 우뇌형은 이런 그림을 잘 떠올린다. 그래서 하룻밤 사이에도 수련이 가능한 것이다.

"그곳으로 우주의 황금빛 에너지가 소용돌이를 치면서 온달 님의 머릿속으로 들어온다고 생각하세요."

온달은 일순 머리가 뻥 뚫린 듯한 압박감을 받았다. 전류 같은 찌릿함과 불타는 듯한 뜨거움이 머릿속을 비집고 들어와 마치 암벽을 파는 착암기처럼 계속 그의 머릿속을 파헤치고 있었다. 계속해서 이 순수한 무형의 에너지는 그의 신체에 있는 모든 길을 따라 사방팔방 돌기 시작했다. 머리에서 이마로, 콧속으로, 입 안에서 목구멍으로, 가슴한복판으로, 아랫배로, 단전으로, 항문으로, 다시 척추를 타고 등 뒤로 올라가더니 옆구리에서 뜨거운 기운을 만들며 배 안쪽으로 가로로 돌아다니며 무엇인가를 다 뚫고 다니고 있었다. 온달은 자신의 몸이 아닌 다른 사람의 몸이 된 것처럼 어떻게 통제할 수 없는 뜨거운 기운에 휩싸여 바닥에 뒹굴기 시작했다. 배 여기저기가 울룩불룩 나오더니 곱사 엉덩이춤을 추듯이 등이 불룩해지고 곧이어 옆구리도 옆으로 불룩해졌다. 이 기운이 다시 등줄기를 타고 뒷목 쪽으로 오더니 앞 목으로 무엇인가 시퍼런 빛과 함께 목을 뚫고 나간 것처럼 목 전체가 시원해졌다. 다시 이 힘은 뒤통수 쪽으로 올라와 앞쪽의 눈을 향하여 뼁하고 뚫리듯이 양 이마 한가운데에 구멍이 난 듯했다. 이 모습을 지켜보고 있던 평강은 온달이 숫총각이라는 사실이 거짓이 아니었음을 알았다. 그리고 맑고 순수한 영혼을 가진 사람이라 에너지장이 더 강하게 만들어지는 과정이라고 생각했다. 10년 넘게 수련한 자신보다 몇 배나 더 강하게 모든 챠크라가 하룻밤 사이에 열리는 놀라운 광경을 목격한 것이다. 평강은 한 개의 챠크라를 여는 것도 온 에너지를 다집중해야 했는데 온달이 하룻밤에 해낸 장면을 보자 눈물과 감동이 한꺼번에 몰려왔다. 얼마쯤 지났을까 온달은 땀범벅이 된채 그대로 쓰러져 잠들어 있었다. 평강은 가만히 이불을 덮어주고 자기 방으로 돌아갔다.

얼마쯤 시간이 지났을까. 이른 새벽녘에 온달은 깨어났다. 에너지수련을 하다가 쓰러져 자기도 모르게 잠든 것이다. 대체 무슨 일이 벌어진 걸까? 이런 것이 흔히 사람들이 말하는 도인이되는 과정인가? 혹시 나도 도인들처럼 장풍 뭐 이런 것 쓸 수 있는 것 아닌가? 방 안을 둘러보고 아무도 없음을 확인한 뒤에 손바닥을 천천히 들어 촛불 쪽으로 휙 저어보았다. 그러나 촛불은

환하게 불붙은 모습 그대로였다. 아무리 돌아보아도 자신은 무엇 하나 변한 것이 없었다. 단지 그냥 알 수 없는 자신감이랄까, 뭔가 내부가 충만해진 듯한 그런 느낌뿐이었다. 바깥바람을 쐬고 싶었다. 그러나 문은 밖에서 잠겨 있었다. '아, 나오지도 말고 더 수련을 하라는 모양이구나.' 그러고 곧 아무 생각 없이 다시 자리에 앉았다. 뜨거운 기운이 다시 머리로부터 들어오면서 온몸을 휘돌아나갔다. 촛불이 눈앞에 있는 것인지 자신의 몸속으로 들어온 것인지 구분할 수 없었다. 내가 초인지 초가 나인지 몰랐다. '아, 이래서 사물과 내가 하나라고 하는구나.' 자신 스스로가 에너지라는 사실을 비로소 깨달은 것이다. 눈앞이 환해지면서 일체의 것들에 대한 이퀼리브리엄(equilibrium), 곧 평정심이었다. 무엇에도 끌림이 없고 마음을 빼앗기지 않는 평정심에 이른 것이다. 온달은 불현듯 이 세상이 아무것도 아니라는 느낌이 들었다. '우주의 수천억만 년의 시간 속에 있는 지금의 나. 나 또한 언젠가는 이 시간의 화살을 떠나 영원의 세계로 가야 하는구나. 이 세상이 아무것도 아니었구나. 그러면 왜 나는 여기에 살아 있을까? 무엇이 나를 여기에 있게 했고, 이 모든 것은 다 무엇이란 말인가? 이 몸은? 이런 느낌은? 이런 깨달음은? 이런 것을 깨닫게 된 것은 무엇 때문일까? 이게 깨달음이라면? 이 세상은 아무것도 아니었다는 것을 깨닫는 것이 깨달음이었다면? 이 세상엔 깨달을 것이 아무것도 없다는 것이 깨달음이라면?' 순간, 온달의 마음엔 바보와 무능함으로 얼룩진 자신의 수치스럽고 굴욕적인 과거의 기억들이 영상처럼 떠올랐다. 하지만 그뿐이었다. 영혼의 상처 같은 기억들은 화면의 자막처럼 하나씩하나씩 지워져가고 있었다.

트 라 우 마 치 료

'일생동안 나를 옥죄던 바보 트라우마. 아, 영원한 것에 대한 마음만 가져도 이렇게 깊은 상처들이 치료되는구나!' 하염없이 쏟아지는 눈물은 온달의 볼을 타고 서럽고 뜨거운 강이 되어 흘러내렸다. 술 마시고 집에 들어와 못난 아들 때문에 어머니를 타박하던 아버지. 날마다 숨죽이며 자는 척했던 숱한 밤들. 두렵고 부끄러워 누구에게 말 한 마디 못하고 가슴 속에 묻어두고 무덤까지 가져가려 했던 아버지에 대한 기억들. 그러나 지금은 세상에 그 큰 소리마저 없는 아버지. 살아생전 이러한 당신 마음의 아픔들을 치료하고 행복하게 살았더라면 얼마나 좋으셨을까! 온달은 평온한 사랑의 마음으로 아버지를 떠올리며 자신과 아버지의 모든 과거를 용서했다.

"아버지 이제 당신을 용서합니다. 당신께서도 얼마나 힘드시고 화가 나셨겠어요? 변변치 못한 아들. 항상 기대에 못 미치는 이 아들 때문에 얼마나 속이 상하셨겠어요? 이젠 천국에서 다 잊으세요. 이제 당신의 아들은 누구에게도 걱정 끼칠 그런 사람으로 살지 않을 겁니다. 아버지처럼 상처입고 감정으로 고통 받고, 화로 스스로 몸을 상하게 하는 사람들을 위해, 그들의 아픔을 치료해주고 마음의 문제를 해결해주는 사람으로 살겠습니다. 저를 용서하세요. 저도 숱한 두려움으로 지낸 세월들을 이제 차분히 치료할게요. 그리고 아버지, 하늘나라에서 이 아들을 지켜봐주세요. 하늘에서 다시 만날 때 그때는 이 세상에서 가장 행복한 가정을 어머니와 꾸려 봐요.

하늘에 새기듯 고백하며 온통 눈물 범벅이 된 채 온달은 편도체(扁桃體)에 시간이 정지된 채 얼마를 머물며 수많은 어릴 적의 상처들을 치료하고 있었다. 영구나 맹구 같은 재미있는 개그프로그램마저도 시청할 수 없었던 온달. 바보의 '바' 자만 들어도 식은땀이 흐르고 감정이 격해져 아무것도 할 수 없었던 온달. 시골집 퀴퀴한 분위기와 그 비슷한 냄새만 맡아도 아버지의 쇠긁는 듯한 크고 거친 숨소리와 모습이 떠올라 심장이 마구 뛰던 온달. 아버지를 잊으려고 사진조차 감춰놓고 추억할 만한 모든 것을 다 없애버렸던 온달. 하지만 그렇게 했어도 아버지에 대한 상처는 잊혀진 것이 아니라 덮어져 있었을 뿐이었다. 그러나 지금은 달랐다. 마치 골수까지 뻗쳤던 암세포가 떨어져나가듯 온달의 영혼 깊은 곳에 숨어 있던 아버지 트라우마가 다 치료되는 시간이었다. 온달에겐 감사와 슬픔의 하모니였다. 모든 감정의 알갱이가 서로가 서로에게 손을 내밀어 마침내 서로가 서로를 감싸 안듯 녹여낸 융해였다. 온달은 시간이 어떻게 흘러가는지 여기가 어디인지조차 잊어버린 채 다시 쓰러져 잠이 들었다.

그때 스르르 방문이 열리더니 평강이 나타났다. 눈물 젖은 온달의 평온한 얼굴을 바라보며 '세상의 모든 사람이 이렇게 자신의 상처를 완벽하게 치료할 수 있다면 얼마나 좋을까? 이렇게 사람은 누구나 그 속에 티 없이 맑고 빛나는 태양을 가지고 있는데, 왜 사람들은 먹구름 낀 하늘만 보고 걱정하고 미워하며 살아갈까? 이제는 이 사람이 눈부신 태양으로 세상에 나오게 되었으니, 이 사람을 통해서 많은 사람이 행복해질 거야! 평강은 하늘색 화사한 이불을 들고 와 온달에게 덮어주고 자신도 그 속으로 들어가 옆에 누웠다. 내면의 상처가 치료된 온달의 몸에서는 마치 갓난아이의 젖내 같은 향기가 정겨웠다. 평강은 남자의 품안이 처음이었다. 온달의 붉은 입술에 평강은 살며시 자기의 입술을 포갰다. 부드럽고 따듯한 입술의 촉감에 평강은 행복했다. 혼자 처절하게 공부하고 꿈꾸고 계획했던 모든 것이 순간 사라지고 아무 생각도 없었다. 그냥 이 사람을 만나 마냥 즐겁게 사랑하며 함께 살고 싶은 마음뿐이었다. 그런 느낌조차 자신의 꿈을 이루기 위해서 버려야 된다고 여겼던 평강이다. 그런데 지금은 이 사람의 아내로 봉평에서 농사지으며 아이를 많이 낳아 오순도순 재밌게 살고 싶다는 행복감에 젖어 자기도 모르게 잠이 들고 말았다.

큰 창으로 쏟아져 들어오는 금가루 같은 햇살과 이름 모를 새들의 아름다운 소리에 잠이 깬 온달은 자기 품에 안겨 잠이 든 사랑스러운 여인을 보았다. 놀랍고 당혹스러웠다. 조심스럽게 자기 옷을 들여다보았지만 전날과 다른 어떤 것도 없었다. 일순 행복감이 몰려왔다. 동시에 온달은 그것이 티끌조차 없는 지순한 사랑임을 깨달았다. 자신보다 귀하고, 지혜로운 평강이었다. 평강에 대한 어떤 마음의 장애도 없이 그냥 한 생명이 내 옆에서 살아 숨을 쉬는 것에 대한 경외심과 어떤 조건조차 마음의 부끄러움이 없는 순수한 존재에 대한 사랑을 할 수 있는 자신을 발견했다. '아, 깨달음이란 하나로 끝이 나는 것이 아니구나! 끝없는 모든 일상 속에서 생각 하나, 느끼는 것 하나하나가 다 깨달음이구나…….' 온달의 움직임에 잠이 깬 평강은 얼른 이불 밖으로 빠져나왔다.

“아, 이런 내가 온달 씨 이불 덮어주고 바라보고 있다가 잠이
들었네요.”

엷게 상기된 얼굴로 외면하듯 온달을 바라보며 수줍게 말했다.

“아침식사 준비할게요. 씻으시고 식사하세요.”

온달은 그녀가 나가는 모습을 보다가 이불을 정리하고 시냇
가로 향했다.

의식의 통합

투명하게 흐르는 시냇물에 들어가 얼굴을 씻고 옆의 널따란 바
위에 앉았다. 이른 아침이라 아직 공기는 차가웠지만 온달은 자
신의 온몸 가운데 흐르는 충만한 존재감을 느꼈다. 자신이 곧
하늘이고 바위며 물처럼 느껴졌다. 고요히 호흡을 가다듬고 우
주와 내가 하나임을 느끼며 나를 잊고 자신이 어떤 에너지 덩어
리임을 바라보게 되었다. 몸은 마치 깃털처럼 가벼웠고 마음은
태초의 호수처럼 순수하고 청정했다. 눈을 살며시 떠 세상을 보
니 나무들의 움직임이 보이고 물의 언어가 들렸다. 지저귀는 새
들의 느낌과 바위의 침묵을 알고 자신의 마음에 일어나는 지극

히 작은 움직임 하나까지 바라볼 수 있었다. 바라보는 중에 흔들림이 없고, 흔들림이 없는 중에 그런 나를 바라보는 나가 있다. 그리고 맨 마지막에는 나를 바라보는 이조차 누구인지 느끼지 못한다. 그리하여 어디에도 나는 없다. 다시 생각을 열어 현실을 본다. 보이는 모든 것이 살아 있으나 어디에도 나는 없다. 다시 눈을 감았다 뜨며 현실을 본다. 눈에 보이는 것마다 모두 나였다. 보이지 않는 것들과 보이는 것들 사이에 경계가 없어졌다. 마치 붉게 놀진 가을 바다를 볼 때 어디가 하늘이고 어디가 바다인지 구별조차 할 수 없었던 것처럼 물과 땅의 경계가 없어지고 그냥 그대로의 생명의 세상을 보게 되었다. 문득, 아 세상 사람이 다 이런 마음을 배울 수 있으면 싶었다. 그렇다고 누구나 다 쉽게 할 수 있는 것도 아니다. 이런 자유의 깨우침을 좋아하지 않는 사람도 많다. 그들은 매일 지지고 볶고 싸우며 그런 재미가 인생살이인줄 착각하며 살아갈 것이다. 어떻게 그런 사람들에게 자유와 행복을 줄 수 있을까? 자유와 행복의 기쁨을 사람들에게 주려면 어떻게 해야 할까? 처음에는 다른 사람들도 나처럼 게을러서 이런 공부를 하기 쉽지 않을 것이다. 만일 내게 있는 이 평화의 마음과 사랑의 마음이 에너지라면 그 에너지는 반드시 전달이 될 것이다. 그리고 사람의 뇌는 전두전야에 있는 쾌락중추신경을 자극시켜 주면 행복감정이 만들어지는 일

련의 메커니즘이다. 그러한 메커니즘의 뇌 구조를 악용하는 마약은 몸과 영혼과 삶을 파멸시킨다. 요즘 스마트폰 애플리케이션에 들어 있는 명상음악은 항상 들어야만 하고 근무 중에 상황을 편하게 해줄 수 있는 시스템이 아니다. 그렇다면 주머니에 있기만 해도 사랑과 감사와 자유의 긍정 에너지가 공급되는 기계를 만든다면 어떨까? 그런 기계를 개발하는 데는 막대한 자금이 필요할 것이다. 그것은 불가능하다. 그렇다면 휴대폰에 칩을 삽입해서 만들면 어떨까? 온달이 근무했던 곳이 모바일 연구소였다. 그는 모바일혁명의 미래를 수도 없이 들었다. 컴퓨터를 포함한 모든 IT 기기는 앞으로 휴대전화가 대신할 것이라는 것을 알고 있었다. 휴대전화가 스스로 주인의 몸과 감정을 인식하고 알아서 치료하고 감정까지 편안하고 즐거우며 행복하게 만들어 준다면 인류는 어떻게 될까? 그러면 전쟁이 사라질 것이다. 행복으로 충만하여 남과 다툴 리 없다. 그리하여 지구의 모든 사람이 평화롭게 살 것이다. 이것이 가능하다면 내가 인류에 기여할 수 있는 가장 위대한 일이 아닐까? 휴대폰으로 만드는 행복한 세상. 아 그렇게 될 수만 있다면! 그런 것을 만들 수만 있다면! 아, 평강의 소명(召命)이 나를 여기까지 인도했구나. 그러자 갑자기 평강이 보고 싶어졌다. 바위에서 내려와 다시 개울로 막 들어서는 순간 평강의 소리가 들렸다.

"무슨 생각을 그렇게 깊이 하셨어요?"

온달에게 식사를 알리러 왔다가 온달이 깊은 사색에 잠겨 있는 것을 아까부터 보고 있었던 모양이다.

온달은 평강의 팔을 낚아채듯 이끌며 걸음을 재촉했다.

"빨리 갑시다. 할 얘기가 있어요."

말투는 마치 남편이나 된 듯 스스럼없이 자연스럽게 나왔다. 평강은 이런 날이 오리라고 기대했지만 막상 눈앞에서 벌어지는 일들이 믿겨지지 않았다.

"저, 온달 씨. 무슨 이야기인지 모르겠지만 먼저 식사부터하세요. 온달 씨 좋아하시는 곤드레나물밥 해놨어요. 양념장에 비벼서 드시고 그 다음에 얘기해요? 알았죠!"

봉평사람들이 잘해먹는 곤드레밥은 산나물인 곤드레를 넣어서 밥을 짓는다. 여러 가지 조미야채를 함께 넣고 졸인 듯 끓여서 만든 장을 소스처럼 부어 비벼먹으면 영양만점의 한 끼 식사로 일품이다. 특히 고산지대인 봉평에서 먹으면 그 입맛이 살아 곤드레를 만드레되도록 먹는다. 믹싱 좋은 온달은 아침밥인데도 큰 대접에 밥을 비벼 게 눈 감추듯 먹고는 평강에게 당귀차를 끓여 달라고 했다. 봉평의 태기산 당귀는 산행 중에 그 순을 잘라서 먹기만 해도 갈증을 없애준다. 하루 종일 목에서 은은한 당귀향을 느낄 만큼 향 좋고 비타민이 풍부한 산약재이기도 하다. 온달은 어려서부터 엄마가 끓여주어 보약삼아 마셨던 차였다. 평강의 고운 손으로 끓여 내온 당귀차를 천천히 불어 마시던 온달은 평강을 바로 보고 말한다.

"할 이야기가 있다고 했잖아요!"

"네, 말씀하세요."

"어젯밤에 나는 일생에서 가장 진기한 경험을 했어요. 밤새도록 내 온몸의 오장육부와 모든 뼈가 환골탈태한 듯 스스로 자리를 찾았고 마음 깊은 상처와 아픔들 모두가 치료되었어요. 그리고 당신께서 아침에 본 대로 바위에 앉아 명상 중에 든 생각이 있었어요. 내 안에 넘쳐흐르는 사랑과 감사의 기쁨과 평안한 에너지를 어떻게 세상에 나눠줄 수 있을까? 라고 말이죠. 그래서 내가 휴대폰을 연구하던 사람이었고, 미래사회는 휴대폰으로 모든 일을 처리할 것이기 때문에 휴대폰 안에 에너지 칩을 개발해 넣기만 한다면 몸의 웬만한 질병이나 상하고 아픈 감정까지 체크할 수 있을 거라 생각했어요. 그리고 생각하고 명령하는 대로 다 이루어지는 〈전격 Z작전〉에 나왔던 자동차 키트 같은 휴대폰을 개발하면 개인의 트라우마를 치료하고 삶에 용기와 사랑의 마음을 불어넣어 줄 수 있을 거라 생각했어요. 그러면 자살하는 사람도 줄어들 것이고 가정 또한 행복해지겠죠. 이런 기계가 개발된다면 미래 인류사회는 작은 것에도 만족할 줄 알고 남을 돕는 사랑의 마음으로 가득차서 전쟁도 줄고 환경에 따른 재앙도 줄고 세상마저 살기 좋아질 것이라는 생각이 들었어요. 그런 생각으로 지금 너무 가슴이 뛰어요."

평강은 감정이 고조된 얼굴로 온달을 깊게 응시했다. 온달은 어떻게 칩에 그러한 에너지를 넣느냐가 관건이라고 했다. 에너지 칩을 만드는 기술적인 문제와 에너지가 지속적으로 유지되게 할 기술이 핵심이었다.

"그것은 앞으로 연구해야 돼요. 하지만 기술적인 문제는 인류 역사가 그래왔듯이 반드시 해결된다고 봐요."

평강은 그 부분은 누구의 도움을 받으면 해결될 것 같으냐고 물었다.

"아, 그때 말씀드렸던 것처럼 조성재 대리하고 오문윤이만 오면 되는데 설비 시스템이 문제죠."

"제가 그분들을 찾았어요. 오늘 오후에 도착할 거예요. 아마 온달 씨 변한 것을 보고 깜짝 놀라겠죠?"

꿈의 실현

오후가 되자 짙은 노란색 재킷에 하얀 면바지를 차려입은 오문 윤과 스티브 잡스처럼 검은 폴라티에 청바지바람의 조 대리가 승용차에서 내렸다. 조 대리의 손에는 전용 노트북과 알 수 없는 큰 가방 두 개가 들려 있었다. 사전에 무슨 이야기를 들었는지 그들은 온달을 보고도 그다지 놀라는 기색이 없었다. 서로 짧은 포옹과 가벼운 등두드림이 끝나자 평강은 그들이 묵을 곳에 짐을 풀게 하고 깊이 잠가 둔 연구소 건물로 안내했다. 마치 벙커 같은 건물에 들어서자 공중에서 환한 빛이 쏟아지며 하이든의 현악4중주 1번 〈헌팅〉이 울려 퍼졌다. "밤밤! 밤밤! 밤밤! 바바바밤빠 바바바밤!" 짧고 빠른 화려한 현의 울림이 경쾌하고 눈부시게 공간을 채워 나갔다. 그리고 인간의 잠자는 영혼에 희망의 알갱이를 터뜨려 사랑과 평화, 감사와 기쁨의 눈물과 감동의 선율로 평강 일행을 맞았다. 고구그룹의 멀티미디어 개발실장인 김 상무로부터 평강이 선물로 받은 바이오 인체감정인식 시스템이었다. 가까이 있는 사람의 심장에서 나오는 파동에 따라 지쳤을 때는 힘을 주는 음악을, 슬픔에 젖을 때는 위로의 음악을, 즐거울 때는 즐거움을 지속시켜 주는 음악을 들려주는 시스템이었다. 무엇인가 집중하고 싶을 때는 집중도를 높여주는 음악을 들려주기도 하고 필요에 따라서는 새로운 음악을 창조하기도 하는 시스템이었다. 원래는 자동차 오디오에 연결해서 쓸 미래산업 부분인데 아직 개발 중인 시스템이었다. 김 실장이 아직 개발단계에 있지만 충분히 활용할 수 있을 거라며 선물로 준 것이라 평강이 연구소에 설치해 놓은 것이었다. 하이든의 〈헌팅〉이 들리는 것을 평강은 무척이나 뜻깊게 생각했다. '헌팅이라, 우리가 인류의 행복과 평화를 헌팅해야지. 암, 그렇게 해서 질병과 전쟁이 없는 세상을 반드시 만들어야지.' 평강의 눈에는 어떤 결기 같은 눈물이 맺혔다. 평강 일행은 다음 장소로 발걸음을 옮겼다. 원형의 큰 책장과 벽난로, 깊고 큰 소파와 작은 화단 사이로 개울 같은 물이 흐르고 정원인지 방인지 구분 안 되는 실내를 지나자 큰 성의 빗장을 지른 대문처럼 생긴 문이 나타났다. 그 안으로 들어선 세 사람은 눈이 휘둥그레졌다. 마치 고구그룹의 모바일연구소를 그대로 옮겨놓은 듯했다. 평강이 차분한 목소리로 말했다.

"저는 오래전부터 꿈을 꿔 왔어요. 언젠가 이 지구상에서 전쟁과 질병이 사라지고 사랑과 평화가 강물처럼 흐르는 사회를 만들 것이라고요. 하지만 저 혼자 감당할 수 있는 부분이 아니라 사람을 찾고 있었어요. 그러던 중에 온달 씨를 만났고, 온달 씨를 통해 여러분을 알게 되었어요. 그래서 제가 사전에 말씀드린 것과 같이 오늘의 이 자리가 만들어진 것입니다. 제가 누군지 궁금하시겠죠. 전 여러분이 다녔던 고구그룹 평원 회장의 외동딸 평강이에요.”

순간, 온달은 깜짝 놀라 눈이 휘둥그레졌다. ‘세상에 이런 일이! 아, 맞아 그런 소문이 있었어. 회장 딸이 경영수업은 받지 않고 자기 좋아하는 코칭이니, 무슨 심리치료니, 물리학 이런 것들만 공부해서 회장이 매우 못마땅해 한다는 말. 게다가 그렇게 말 안 들을 거면 바보 온달에게 시집보낼 거라는 소문을 들은 적이 있었어.’ 그래도 온달은 지금 눈앞의 현실이 믿기질 않았다. 조 대리와 오문윤도 깜짝 놀라기는 마찬가지였다. 그제야 왜 이런 일이 벌어지고 있는지를 온달은 이해할 수 있었다. 반가우면서도 많은 생각이 꼬리를 물고 주마등처럼 지나갔다. 평강의 말이 이어졌다.

“이렇게 훌륭한 분들을 모시고 큰일을 하게 되어 영광입니다. 저는 우리가 반드시 그런 꿈을 달성할 수 있다고 봅니다. 기술적인 부문은 누구보다 뛰어난 전문가인 조 대리 님이 담당하면 되고요. 모바일에 대한 설계와 외부 디자인은 문윤 씨께서 해주세요. 칩에 사랑 에너지를 담은 ‘사랑의 에너지칩’은 우리 온달 씨께서 하실 거예요.”

조 대리가 묻는다.

"완성되었어요?"

"네, 어젯밤에……."

평강은 갑자기 그와 한 이불을 덮고 잔 생각이 나서 얼굴이 붉어졌다. 온달은 평강이 이렇게 치밀하게 모든 일을 준비해놓았으리라고 상상조차 못했다. 평강은 이렇게 대단하고 무서운 사람이었다. 오랜만에 보는 조 대리는 모든 내막을 알고 있는 듯 온달을 바라보며 그의 깊은 눈을 오래도록 응시하고 있었다.

평강이 다시 말을 잇는다.

"사실, 아빠도 며칠 있으면 아주 이곳으로 오실 거예요."

"네에? 회장님이요?"

"네, 지난번에 회사를 빼앗긴 사건은 이미 다 아시죠? 그래서 많이 아프셔서 제가 공기 좋은 이곳에서 사시라고 했더니 안 오신다고 하다가 우리의 이 프로젝트를 말씀드렸더니 목소리가 달라지셨어요! 너무 좋아하셨고 지원할 수 있는 한 여러분을 도와주시겠다고 하셨이요."

"오, 마이갓!"

온달과 두 사람은 갑자기 무거운 중압감에 눌린 듯 옆 소파에 털썩 주저앉고 말았다.

"왜들 그렇게 놀라셔요? 회장님 오신다고 해서요? 앞으로 매일 여러분하고 회의도 하고 해외자료도 다 준비해 주실 거예요. 아마도 여러분과 아버지가 서로 만나는 것이 인류의 운명이 바뀌는 날이라고 생각되네요. 오늘은 푹 쉬세요. 저녁식사는 제가 통바비큐구이로 대접할게요."

세계의 평화를 위한 연구 시작

어느 날 연구에 몰두하던 산중 연구실에 평 회장이 나타났다. 기력은 많이 없어진 듯했지만 눈에는 예의 광채가 여전했다. 거대 조직을 이끈 총수다운 카리스마도 그대로였다. 평 회장은 자기 딸 평강을 보자마자 미안함이 가득한 미소를 지었다. 아빠 품에 안긴 평강은 마음속으로 '아빠 더 큰 일을 하실 거예요. 인류에 큰 기여를 한 위대한 인물로 남으세요' 하고 말했다. 평 회장을 본 온달과 친구들은 깍듯하게 허리를 굽혀 인사를 했다. 평 회장은 그렇게 격식 차릴 거 없다며 두 팔을 저으며 분위기를 편하게 만들어주었다.

식사 후 평강은 온달을 보며 회장님께 그간의 보고를 드리라고 했다.

온달은 두 가지 방법을 내어놓았다. 한 가지는 휴대폰의 음성 인식 기능을 이용해서 자기 휴대폰에 사용자 스스로가 행복에너지를 불어넣는 방식을 보고했다. 누구나 자신의 휴대폰에 대고 감사한 것과 사랑하고 싶고 사랑하는 대상을 떠올리며 자신의 입으로 '사랑해요. 감사해요' 라는 말을 하면 행복칩이 그 소리를 인식하고 사용자에게 자신이 생각하고 말한 만큼의 분량을 긍정의 파동에너지로 되돌려주는 방식이었다. 또 다른 방식은 회사에서 행복칩을 만드는 방법인데 칩 내부에 하트 문양과 수억 개의 사랑과 감사의 글자와 모양을 새겨 넣어 우주의 긍정에너지를 받아 들여 스스로 에너지를 주변에 발산하도록 하는 방식이었다. 회사의 경영적인 차원에서는 두 번째 것이 더 효율적이지만 사람이 자기 스스로 건강한 마음을 만들게 하는 것은 첫 번째 방식이 옳았다. 온달의 이야기를 듣던 펑 회장은 사전에 딸로부터 많은 이야기를 들은 듯 이해가 간다는 표정을 지었다.

"아, 참 놀라운 이야긴데. 그게 가능하다면 둘 다 만들면 어떻겠나? 스스로가 긍정적이고 사랑이 많은 사람은 첫 번째 기계를 구입하게 하고, 그런 말을 하기 힘든 사람들은 두 번째 기계를 구입하도록 하면 어떻겠나?"

경영에 남다른 식견을 가진 회장다운 시각이었다. 펑 회장이 다시 조 대리 쪽을 보며 말을 이었다.

“두 개를 다 만든다면 기술적으로 어려운 부분이 있는가?”

“글쎄요. 첫 번째 음성인식 시스템은 현재 개발되어 있는데, 어떻게 그 에너지를 행복과 긍정의 파동으로 전환할 수 있는가가 문제이고, 두 번째 것은 글자를 넣거나 문양을 그려 넣는 것은 별 문제가 되지 않지만 우주에너지와 교류할 수 있는 센서개발이 관건인 것 같은데요. 실제적으로 이러한 발상을 연구 개발하는 나라는 많이 있어요. 생각하기만 하면 현실로 나타나게 하는, 그러니까 사람의 마음까지 읽는 센서도 머지않아 등장할 것입니다. 제가 지금까지 연구한 부분이기도 하고요. 아마도 회사에서 이런 ‘미래생각에너지연구소’를 만들어 일찍부터 준비시켰으면 벌써 이런 기계들이 나왔을는지도 모르죠. 아무튼 우주적인 혁명과 같은 일이지만 현재 인류의 기술력이면 불가능하지 않다고 봅니다. 제가 그동안 에너지를 만들어 내는 칩은 연구해놨는데 거기서 어떻게 행복하고 즐거우며 사랑의 에너지가 나오게 하느냐가 핵심이에요.”

조 대리의 말을 들은 온달이 이제 생각났다는 듯 말했다.

“아, 내가 며칠 전 바위에서 명상할 때 주머니에 뇌파측정기를 넣고 실험해 보았는데, 생각할 때 베타파 30헤르츠가 나왔고 금방 명상으로 들어가니까 SMR 파인 11헤르츠로 떨어졌어요. SMR 파는 비몽사몽파장으로 한낮이라도 졸 때에 아주 잠깐

동안 꿈도 아닌 무의식의 그림들을 보게 되는 파장입니다. 우리 뇌가 무의식의 정보들을 의식으로 처리해주는 때가 그때에요. 내 몸 가운데 일어나는 것들이 기계의 파동으로 측정될 수 있다는 것이죠. 그래서 제가 행복한 생각을 떠올렸더니 알파파 14정도로 파장이 올라갔는데 아주 놀라운 것을 보았어요. 뇌파 측정기에 하얀색의 균일한 파동들이 수평으로 쫙 깔리면서 일체의 흔들림이 없는 결과를 본 거에요. 그때 저는 그렇다면 내 생각이 얼마나 멀리 영향을 미칠 수 있는지 파동의 범위를 실험해보았어요. 우선 이 자리에서 권민수 박사가 개발한 신체에너지로 상대의 성향을 검사하는 파동진단법을 가지고 해볼게요!"

온달은 조 대리를 일으켜 세우고 가슴 위, 가슴, 윗배, 아랫배의 네 곳에 차례로 왼손을 대고 반대편 손은 오링을 만들어 검사해보았다. 예상처럼 맨 아랫배인 신중형 자리가 제일 강하고 두 번째로 가슴 부위의 사교형이 강하게 반응했다. 이른 바 C/I형이다. 온달은 조 대리에게 다시 오링을 해보라고 하더니 마음속으로 약하게 나왔던 주도형을 강하게 하는 생각을 하고 가슴 윗부분에 오링을 했다. 조 대리의 엄청나게 강한 파동을 느낄 수 있었다. 반대로 이번에는 아까는 강하게 나왔던 사교형과 신중형의 자리를 보며 새털보다 가벼운 힘이다고 생각하고 오링을 했더니 정말로 힘이 하나도 없었다. 조 대리는 너무도 놀라는 표정이었다. 평강은 오문윤에게 회장님과 한번 같이 해보라는 눈짓을 했다. 조 대리는 자기도 가능하냐고 온달에게 물었다. 온달은 누구나 다 생각을 할 수 있다면 가능한 것이라고 말했다. 조 대리가 온달의 몸을 검사하니 역시 윗배가 강하게 나오는 높은 안정형이었다. 조 대리는 마음속으로 온달이 강한 주도형과 사교형, 신중형 세 개가 나오기를 생각하고 시도했다. 과연 앞의 안정형 자리는 힘이 없고 아까 힘이 없었던 세 곳에 강한 힘이 느껴졌다. 무엇이 번개처럼 스쳐갔는지 조 대리는 넋을 잃은 사람처럼 가벼운 탄성을 지르며 가만히 앉아 있었다. '아 가능하다. 가능하다. 그렇다면 여기서 미국에 있는 사람에게도 내 생각의 에너지를 전달할 수 있을까?' 하고 생각했다. 온달은 이미 예견한 사람처럼 대답했다.

"응, 내가 이미 미국에 있는 사람들에게 실험을 해보았어. 온라인 동영상으로 생각만 하고 그쪽 사람들에게 검사해보라고 했는데, 진짜로 힘이 있었어. 내 생각대로 반응이 일어난 거야."

모두가 탄성을 지른다. 온달이 말을 이었다.

"우리 뇌에서도 하나의 생각은 파동을 만들고 파동은 화학반응을 만들잖아. 이것이 충분히 이러한 행복 에너지를 만들고 전달될 수 있다는 생각을 해본 거지. 내가 한 가지 실험을 더 해볼게. 일렬로 서로 손을 잡고 내가 회장님 귀에다가 무슨 말씀을 해볼 테니까, 그 말의 내용이 맨 끝에 있는 조 대리의 몸에 어떤 반응을 나타내는지 봐.”

온달은 평 회장의 귀에 ‘사랑합니다. 감사합니다’ 라고 속삭였다. 그리고 조 대리에게 가서 그의 손가락을 오링하게 하고 힘을 강하게 주라고 했다. 그리고는 떼어보는데 엄청난 힘이 나타났다. 다시 평 회장에게로 간 온달은 그의 귀에다가 ‘회장님 나빠요. 보기 싫어요’ 라고 하고선 다시 조 대리에게로 돌아가서 그의 손을 검사했다. 조 대리가 아무리 힘을 써도 손가락은 그냥 풀려버렸다. 온달은 회장님에게 먼저 드렸던 말씀을 떠올려 보시라고 하고 조 대리의 손가락을 다시 테스트하니 힘이 그대로 느껴졌고 다시 두 번째 말씀을 생각해보시라고 했더니 조 대리의 손가락에 힘이 하나도 가지 않았다.

“회장님, 제가 첫 번째 무슨 말씀을 드렸죠?”

“‘어, 사랑하고 감사하다고.”

“두 번째는요?”

“나쁘다, 보기 싫다.”

회장은 ‘허허’ 웃으며 말했다.

조 대리가 기가 찬 표정을 지으며 말했다.

“야, 이런 생각의 세계를 내 눈으로 이렇게 보는구나. 생각의 세계가 현실로 나타나는 이 꿈 같은 일들이 실제로 가능한 거구

나. 그래서 옛날 우리 어른들이 모두 마음먹기에 달렸다고 말했던 거였구나. 일체유심조라……. 하아, 그러면 칩에서 이런 말을 들을 때 칩이 마치 뇌처럼 긍정적인 에너지를 만들기만 하면 에너지 파동의 원리에 따라 밖으로 배출되겠구나. 그렇다면 에너지 파동 원리를 이용한 사출기능만 만들면 되는 것이네.”

첫 번째 것은 의외로 쉽게 만들 수 있을 것 같았다. 조 대리는 환호성을 지르며 즉시 실행하기 시작했다. 이것에 관한 필요 부품은 이미 독일에서 개발했지만 향후를 생각해서 한국말로 ‘사랑합니다’라는 ‘우리말 행복에너지 문장’에 대한 인식프로그램을 개발했다. 기계설비에 들어간 지 3개월 만에 드디어 꿈의 행복휴대전화가 개발되었다. 이름 하여 ‘헤븐스드림H(Heaven's Dream H) 모델’. 모델명은 평강의 아이디어였다.

온달은 면온리에 있는 봉평노인요양원의 이정희 원장을 찾아갔다. 이 원장은 아름답기도 했지만 마음이 따뜻해 주변에서 칭찬이 자자했다. 온달은 그간의 연구를 설명하면서 고통 받는 노인들에게 한번 실험을 해보고 싶다고 했다. 이 원장은 흔쾌히 허락을 하고 노인들에게서 자원자를 찾았다. 자식들이 자신을 버렸다고 절망한 노인들을 대상으로 무료 휴대폰을 지급했다. 사용법은 간단했다. 하루에 밥 먹고 12번씩만 휴대폰에 대고 ‘사랑합니다. 감사해요, 아주 좋은데.’ 이 말을 하면 마음이 좋아질 거라고 했다. 1개월을 실험한 결과 놀라운 일이 벌어졌다. 노인들이 자식들을 용서한 것이다. 그리고 실험자들의 즐거운 마음은 주변사람들에게 위로와 용기를 주는 희망의 불씨가 되었다. 온달은 이 원장에게 이러다가 노인들이 다 집으로 돌아가면 요양원 운영을 어떻게 하느냐고 농담 삼아 묻기까지 할 정도였다. 그러자 원장은 정색하고 말했다.

"병원이 없어도 건강이 유지되는 사회가 된다면 이 땅이 천국 아닌가요? 전 그러면, 원장 안 해도 너무 행복할 것 같아요. 그리고 만일 살기 힘들면 온달 씨 회사에 들어가 그 휴대폰 팔면 되겠네요! 하하하."

온달과 이 원장은 박수를 치며 웃었다. 곧이어 원장은 몹시 궁금한 듯 표정을 바꾸고 묻는다.

"아, 어떻게 휴대폰으로 사람의 마음을 즐겁고 행복하게 해 저 노인들처럼 서로 돕고 칭찬하게 만들 수 있나요? 너무너무 놀라운 일이네요! 특히 저기 심정순 할머니는 자식들 욕이 입에 붙었었는데, 지금은 그런 말 하나도 안 해요. 지금은 서로 지지고 볶던 김순영 할머니의 요강까지 비워 준다니까요! 전 너무 놀랐어요! 저, 온 선생님. 혹시 이것이 지금 세상에 나왔나요?"

"아니요, 아직은 비밀을 지켜주셔야 해요! 실험을 통하여 혹시 부족한 부분이 있으면 보완해야 하니까요. 완전하게 만들어

지면 먼저 우리나라에 시판하고 그 다음에 세계로 수출할 거예
요!"

"야, 이런 휴대폰이 나오면 세계가 행복해지겠어요. 저 이런
것 말고 혹시 아픈 것도 치료할 수 있는 휴대폰도 만들 수 있나
요?"

"네, 일차적으로 'Ha(Happy) 모델'이 성공하면 후속모델인
'He(Healing) 모델'도 나올 거예요. 지금 제작중이에요."

"휴대폰으로 사랑과 건강이 넘치는 사회를 만든다니 이는 너
무너무 놀라운 일이네요?"

"인터넷이 세계를 하나로 만드는 데 기여했다면 이제는 이러
한 에너지로 질병 없고 다툼과 전쟁이 사라진 세계도 만들어야
죠."

3개월 동안 마음의 고통을 받는 다양한 층의 사람들에게 실
험한 결과는 상상 밖으로 놀라웠다. 온달 팀은 모두가 흥분했고
사기는 마냥 높았다. 그 사이 평원 회장은 한동안 혼자 바쁘게
뛰었다. 무엇인가 다른 일을 하는 듯했다. 그러던 어느 날 제작
팀 전원을 불렀다.

"휴대폰 제작을 위해 공장 설비 자금을 대출받게 되었네. 천
문학적인 금액인데 순전히 자네들의 천재적 아이디어와 놀라운
비전에 은행도 승부를 걸었다네."

반드시 성공해야 한다. 그리고 그렇게 될 줄 믿는다. 오문윤은 디자인의 질감 컬러와 실용성을 행복휴대폰답게 심플하고 스마트하게 디자인했다. 지금까지 누구도 예상 못한 디자인의 혁명이었다. 회장은 자신의 옛 부하들을 다시 모으기 시작했다. 모두 회장을 따르던, 현장에 탁월한 중간간부들이었다. 이들은 현장에서 잔뼈가 굵은 사람들로서 회사 초기에 회장과 함께 동고동락했던 사람들이었다. 공정에 꼭 필요한 이들이 하나둘씩 찾아오면서 공장도 완성되었다. 필요한 모든 자재와 부품도 완비됐다. 전국의 모든 판매유통망을 발 빠르게 확보한 평원 회장은 기자회견을 자청했다. 그리고 모든 신문과 TV, 미디어 매체를 통한 제품 설명회와 대대적인 광고가 거의 동시에 이루어졌다. 기획에서 광고까지 한 마디로 일사천리로 밀고 가는 속도전이었다. 이제 남은 것은 사람들의 선택뿐이었다. 광고 후 첫날 단 천 대의 주문이 들어와 긴장했지만 이는 처음 세상에 나타난 이 신기한 휴대폰의 성능에 대한 의구심 때문이었다. 다음날 구매한 사람마다 하룻밤 사이에 마음의 고통이 사라지고 즐거워진다고 소비자가 글을 올리며 입소문을 탄 휴대폰은 이튿날 만 대의 주문신청이 이어지더니 한 달 사이에 무려 100만 대의 휴대폰을 판매했다. 두 달이 채 지나지 않아 무려 3천만 대의 휴대폰 제작에 들어갔다. 국민 모두가 경악했다. 그리고 하나 같이 이를

‘사랑폰’이라고 불렀다. 길거리나 식당에서 밥을 먹고 여기저기서 하루종일 ‘사랑합니다. 감사합니다. 좋은데.’ 소리가 대한민국을 뒤흔들었다. 미국의 TV 뉴스와 〈뉴욕타임스〉를 비롯한 주요 매체마다 이 신기한 휴대폰에 대한 기사가 실리면서 미국에서도 주문이 밀려오기 시작했다. 평원 회장에 대해 기존에 강한 충성심을 보였던 해외 대리점들은 고구그룹의 눈치만 보고 있다가 이번 기회에 독립하려고 평원에게 판매망을 활짝 열었다. 미국을 비롯한 캐나다, 멕시코, 브라질 등 중남미아메리카에서 2개월 사이에 1억 4천만 대의 주문이 밀려들었다. 평원은 충남 서천부터 강진, 평택, 강릉, 울진, 부산, 구례까지 10곳에 공장을 이어 지었다. 그리고 동시에 각 대륙별 생산 거점 국가와 도시를 지정한 글로벌 생산 체계로 들어갔다. 주문과 생산은 전 지구에서 동시에 한꺼번에 이루어졌다. 모두가 전광석화! 눈 깜짝할 사이에 이루어졌다. 이제껏 지구상에 없던 일이었다. 중국을 포함한 동남아시아 권에서 13억 대, 인도와 파키스탄 그리고 러시아, 카자흐스탄을 위시로 한 중앙아시아 권에서 11억 대, 유럽연합과 중동을 포함한 아프리카에서 12억 대의 주문과 생산이 이어졌다. 온달과 평강은 아프리카연합에 특히 내전이 심한 국가들에 무상으로 3백만 대를 제작하여 지원했다. 곧 전쟁이 그치고 건기로 더욱 메마른 사막에 비가 내린다는 초유의 소식을 접하기도 했다. 유가가 내려가고 전쟁무기를 팔던 모든 국가와 사람들이 소를 키우는 목장주가 되었다. 중국의 고비사막은 비가 내려 백합화가 피어나고 사구였던 모랫골은 강으로 변해 물고기들이 사는 강이 되었다. 뒤를 이어 온달은 'He 모델' 개발에 성공했다. 작은 칩 안에 하트 문양과 한글로 사랑이란 글자 1만2천 개를 집어넣은 제품이었다. 인류를 구하는 놀라운 휴대폰에 대한 소식을 접한 나사 본부에서 우주와 수신하는 7.8헤르츠의 힐링 자기장 단파기를 제공하겠다고 연락이 왔다. 온달과 제작팀은 이 단파기에 '사랑칩'을 부착하는 실험을 통해서 지구자기장의 건강한 힐링파워를 휴대폰으로 끌어오는 데 성공했다. 인류역사에 또 하나의 획을 긋는 순간이었다. 우주의 건강한 힐링 에너지가 사용자의 휴대폰으로 들어오게 되었다.

평강과 온달은 밤새도록 감회에 잠겨 있었다. 3개월간 환자들을 대상으로 실험한 결과 외과 수술이나 특별한 외상환자들을 제외한 내과 계통의 질병들은 눈 녹듯이 사그라지고 심지어는 피부까지도 아이의 피부처럼 깨끗하고 부드러워졌다. 평원은 모든 지구인을 향하여 '헤븐스드림 He 모델'을 출시한다고 발표했다. 이는 하루에 23억 대의 주문을 수주하는 기염을 토했다. 앞서 출시한 'Ha 모델'의 성공이 인류의 신뢰를 얻은 결과였다. 사방에서 병원들이 문을 닫기 시작했다. 제약회사들도 문을 닫고 의대도 필요한 외과적인 부분만 제외하고는 모든 학문적인 연구가 중단되었다. 인간에 대해서 신이 만들어준 가장 원초적인 에너지로 건강 200세를 유지하며 살게 되었다. 환자가 사라지고 전쟁의 공포가 사라지면서 지구에는 지진도 굶주림도 사라졌다. 불모의 땅은 지력을 회복하고 오염된 물은 다시 살아나기 시작했다. 온 인류는 이런 유토피아를 만든 온달 팀에게 주목했다. 유엔본부에서 이들을 초청하여 처음 제정된 우주평화상을 수여하겠다고 했다.

에 필 로 그

봉평은 9월 메밀꽃 축제가 한창이었다. 평강과 온달은 찾아온 사람들을 피해 메밀밭 길을 함께 거닐고 있었다. 메밀은 달빛이 휘영청한 밤에 더 예쁘다. 한동안 메밀을 바라보던 평강이 온달의 손을 꼭 쥐며 말했다.

“큰일하셨어요, 너무 자랑스러워요!”

“아녜요. 모두가 아가씨, 덕분이에요, 다 아가씨가 코칭을 잘 해주서서 이렇게 깨달은 거잖아요. 저 혼자서 아무것도 못했어요. 단지 많이 게을렀기 때문에 편하고 쉬운 방법이 없을까 찾았고, 또 시골에 아픈 노인이 많아서 쉽게 고쳐줄 수 있는 방법이 뭐가 있을까 이런 생각 했을 뿐이죠. 그런데 아가씨가 이렇게 나를 키워주셨어요.”

“아이, 아가씨라 그러지 말아요. 꼭 당신이 마당쇠같잖아요.”

“그러면 뭐라고 불러요?”

“둘이 있는 데서는 그냥 ‘강아!’ 이렇게 불러보세요.”

“강아.”

평강은 희고 고운 손을 들어 온달과 팔짱을 끼고는 호호 하고 웃으며 다시 걸음을 재촉한다. 작고 도톰한 한쪽 어깨를 거의 온달의 넓은 가슴에 묻다시피 기댄 채 평강이 꿈속의 아련한 향기처럼 묻는다.

“온달 씨 저를 어떻게 생각하세요?”

“뭘 어떻게 생각해요?”

“제가 아직도 코치나 선생으로 아니면 회장 딸로밖에 안 보여요? 날 한 번이라도 여자로 생각해본 적 있어요?”

보채듯 팔에 매달리는 평강에게서 감미롭고 아늑한 깊은 향기가 녹아들어온다.

"실은 저……."

온달은 주저주저 말을 꺼낼 듯 말 듯했다.

"아이, 빨리 말해봐요. 꼭 옛날 처음 봤을 때 그때 같아. 그때 얼마나 답답했는지 알아요?"

온달은 밤인 것이 천만다행이라고 생각했다. 얼굴이 벌겋게 달아올랐기 때문이다.

"실은……!"

"실은, 뭐예요 빨리 말 해봐요! 네에?"

"사실은 당신을 사랑하면서도 사랑한다고 말 한 마디 할 수 없었고 그냥 당신과 결혼 못하면 그냥 가슴에 묻어두고 죽는 날까지 당신을 간직하려고 했어요."

"그럼 지금 원하는 것을 말해봐요."

"내가 죽는 날까지. 아니, 죽어서라도 당신을 사랑하고 영원히 함께 있고 싶어요."

평강은 온달의 가슴에 얼굴을 묻으며 말한다.

"바보, 사랑은 참는 것이 아냐!"

온달은 처음으로 평강을 꼭 껴안고 말했다.

"사랑해."

그리고 그들은 소금을 뿌려놓은 듯 환한 달빛에 일렁이는 메밀꽃을 바라보면서 다짐했다.

"우리는 이 세상에 아무도 아프지 않도록, 아무도 슬퍼하지
않도록 도와야 해……."

경청의 기술

'병을 하나 그려보세요.'

자, 여러분은 어떤 병을 그렸나요?

아마도 꽃병이나 물병을 그리거나 술병을 그렸을 수 있습니다. 심지어 어떤 사람은 병풍이나 시루떡(餠), 세균(病)을 그린 사람도 있을 것입니다. 여러분이 그린 병이 정답이 되려면 출제자의 머릿속에 그려 있는 병을 그려야 합니다. 여러분이 그린 병은 바로 자신의 머릿속에 있는 병을 그린 것입니다.

이것이 경청이 안 되는 원리입니다. 모든 이야기를 자신이 이미 가진 경험대로 듣기 때문이죠.

1. 경청코칭(Amimia)

1. 얼굴은 미소를 지으며 듣는 척 하지만 마음은 다른 데 가 있다.
2. 상대방의 말을 듣다가 틀린 말이 나오면 말할까 말까 하는 생각에 더 이상 경청이 안 된다.
3. 상대방의 표정이나 외모에 마음을 빼앗겨 말을 놓친다.
4. 집중하지 않고 건성건성 듣기 때문에 다 듣고 나서도 무슨 말을 했는지 모른다.
5. 자신에게 관심 있는 분야만 듣고 상관없는 분야는 다른 생각을 한다.
6. 상대방에게 어떤 답을 주려고 그것을 생각하고 있어서 더 이상 듣지 못한다.
7. 사람이 좋으면 듣고 싫으면 들으려 하지 않는다.

위의 일곱 가지 요소는 경청이 안 되는 이유입니다. 이 중에서 당신에게 해당되는 부분은 몇 번입니까? 한번 체크해 보시기 바랍니다.

자신이 경청을 잘하는 사람이 되고 싶다면 경청이 안 되는 부분에 대해서 어떤 방법을 취해야 할까요? 한번 생각해 보시고 아래의 칸에 기록하시기 바랍니다.

2. 백트래킹(Back tracking) 기법

백트래킹 기법은 입으로 하는 경청법으로 상대방의 말에 공감을 해주는 표현 기법입니다. 여기에는 세 가지 기법이 있습니다.

첫째, 뒷말 따라해 주기

상대방의 말 중에 그가 마지막에 한 말을 따라해 주는 방법으로 그의 마음에 공감을 해주는 방법입니다.

예를 들어 "요즘 내가 상당히 많이 피곤해!"라는 말을 들었을 때 맨 뒷말은 "피곤해"입니다.

그럴 때 마지막 말인 "피곤해!"를 따라하면서 "많이 피곤하구나"라고 표현을 해주는 것입니다.

둘째, 문장 정리해주기

이 방법은 주로 말을 많이 하는 사람들이 이 이야기 저 이야기 하면서 정리가 안 될 때 사용하는 방법입니다. 상대방의 말을 간단히 요약해서 정리해 주므로 대화를 새로운 국면으로 이끌 수 있으며 또한 말을 하는 당사자도 자신보다 코치가 자신의 상황을 더 명료하게 정리해 줄 때에 감동을 받기도 합니다.

셋째, 핵심문장 따라해 주기

이 기법이 가장 중요합니다. 일종의 키워드 경청 훈련으로 상대방의 말 속에 들어 있는 가장 소중한 핵심어를 찾아 되풀이해 줌으로 상대방의 깊은 내면을 공감해 주는 것입니다.

예를 들어 어떤 상무가 부장회의를 소집했습니다. 그런데 김 부장이 참석을 못했습니다. 다음날 아침 김 부장이 상무를 만났을 때 "상무님 어제저녁에 어머니께서 갑자기 편찮으셔서 회의에 참석하지 못했습니다. 죄송합니다"라고 말했을 때 상무는 무슨 말을 어떻게 해줘야 할까요?

① "아, 어머니께서 많이 편찮으셨군요!"
② "아, 회의에 참석하지 못했군요!"

이 상황에서 키워드는 무엇일까요? 만약 ①의 답을 말했다면 상무는 부장에게 상당한 존경과 충성심을 얻게 될 것입니다. 그러나 ②를 말했다면 부하는 죄송하면서도 한편으로는 섭섭한 마음이 들 것입니다.

상대방의 말에서 항상 핵심어를 골라서 듣고 되따라 해주는 백트래킹 훈련은 여러분을 지혜로운 사람으로 만들 뿐 아니라 다른 사람의 마음을 얻는 중요한 경청 기법이 됩니다.

항상 상대편과 대화중에 그의 말의 핵심어가 무엇인지를 찾아내고 그 문장을 뒤에 "~군요", "~구나"라는 끝말과 함께 문장을 만들어 사용하십시오.

참고로 어느 때나 상용적으로 사용할 수 있는 백트래킹 기법은 "그렇군요", "그랬구나"를 사용하면 되며 더 간단한 기법으로는 머리를 끄덕여 주면서 "아!" 한 단어만 말해주어도 상대방은 공감을 느끼게 될 것입니다.

3. 신념경청(Changing belief)

신념경청은 어떠한 상태 속에 숨어 있는 자신의 고집스러운 신념을 발견하는 경청법으로 마음을 넓게 해주고 생각의 폭을 넓

혀주는 훌륭한 경청법입니다.

1. 결과물(Consequence)

잠자리에 든 박 과장은 무언가 불편한 마음이 들어 잠들지 못하고 있습니다. 뒤척이며 하루의 삶을 곰곰 추적해 보니 근무시간에 김 대리가 나에게 업무처리 지시를 명확히 해달라고 이야기했던 것이 떠올랐습니다. 이런 불편한 감정이 박 과장을 잠들지 못하게 했습니다. 이 불편함이 그의 마음에 결과물로 남은 것입니다.

2. 실제적 사건(Activiting event)

자, 그러면 박 과장을 잠들지 못하게 만든 이 사건 속에 무엇이 박 과장이 불편했을까요. 그것은 자신의 기대와 욕구로 만들어진 신념 체계 때문입니다. 박 과장의 머릿속에는 "나는 항상 모든 일을 완벽하게 한다"는 신념이 있었습니다. 그래서 김 대리가 그렇게 말했을 때 자신이 일을 잘못한다는 느낌을 갖게 되었고 그 느낌이 자신의 신념과 충돌했던 것입니다.

이럴 때는 빨리 자신의 신념을 경청하고 "아, 내가 항상 일을 완벽하게 처리하는 것은 아닌데 내부에서는 항상 완벽해야 한다는 신념을 갖고 있었구나" 하고 자신의 생각이 언제나 옳은 것은 아니라고 생각해야 합니다. 또한 모든 사람들이 내가 원하는 대로 나를 생각해 주지 않는다는 것도 생각해야 합니다. 그래서 자신에게 "스스로 생각하는 완벽함도 누군가에게는 불완전할 수가 있구나." 혹은 "나도 일에 있어서 실수가 있을 수 있는 사람이다"라는 생각으로 전환해 보면 박 과장은 편안한 잠을 잘 수 있을 것입니다.

4. DISC 경청

모든 사람은 자신의 고유한 성격과 행동양식을 가지고 있습니다. DISC 경청법은 이야기하는 상대의 성향을 중심으로 듣는 방법입니다. 저 사람은 무엇에 대하여 말을 하는 것일까? 일을 좋아하고 일을 잘하는 사람들을 관심사는 일입니다. 그들은 항상 일에 대하여 말합니다. 그들에게서는 일 이야기를 듣는 것이 최고의 경청입니다. 그러나 사람을 좋아하는 사람들은 항상 사람을 말합니다. 그들에게서는 사람에 대하여 들어야 합니다. 좀 더 세부적으로 대표적인 행동양식 분석프로그램인 DISCRUDCJD법을 배워보시죠.

1. D형(주도형)

D형들은 일에 최고의 가치를 두는 사람들입니다. 그들은 항상 일을 중심으로 말하고 업적, 권력, 성과, 명예, 통솔과 같은 것이 주된 관심사입니다. 우리는 그들의 이야기에서 무엇을 경청해야 할까요?

'왜 저 사람은 사람 이야기는 하지 않고 일 이야기만 할까?'라고 생각하며 그와 인간에 대한 이야기를 나눠보려 하지만 결국 이야기는 일로 돌아가 있습니다.

D형들에게서는 그의 최고 관심사인 일에 대한 이야기를 경청해 주어야 합니다. 그리고 그들의 업적과 성과에 대해서 진심어린 감탄(와!, 역시!, 엄청나시다)과 존경(대단하세요!, 너무 훌륭하세요, 어떻게 그런 상상도 못할 일들을 해내세요?)을 표할 때 주도적인 사람들의 최고의 가치를 듣게 될 것입니다.

2. I형(사교형)

이들은 일보다는 사람에게 관심이 많습니다. 이들의 최고의 가치는 친구, 재미, 쇼핑, 새것, 아름다운 것으로 치장하기와 같은 것들입니다. 다분히 사치스럽고 소비지향적인 사람들이지만 우리는 이들에게서 사람다움과 긍정적인 인생의 맛을 경청할 수 있습니다.

그래서 이들과 대화를 나눌 때는 그들이 재미있어 하는 사건과 그들이 사고 싶어 하는 것, 그들이 꾸미고 싶어 하는 것과 그들의 취미에 관심을 기울여야 합니다. 그리고 'Wow!'를 연발하며 그들의 긍정적이고 재미있는 삶에 공감을 표해주면 그들은 항상 우리의 친구가 될 것입니다.

3. S형(안정형)

이들은 평화를 지향하고 만족과 배부름, 휴식이 이들의 최고의 가치입니다.

이들과 대화를 나눠보면 그들이 항상 마음의 갈등 없이 단순하고 편안한 상황을 갈구하고 있음을 알 수 있습니다. 이들에게서는 새로운 변화와 파워풀한 능력을 경청하려 하지 말고 편안함과 여유로움과 넉넉한 마음을 경청해야 합니다. "음, 언제나 믿음직해, 항상 든든해, 너와 함께 있으면 참 마음이 편하다." 이러한 편안함에 대한 경청은 그들을 세상에서 변함없는 동지로 만들어줄 것입니다.

4. C형(신중형)

이들의 최고의 가치는 완전함(완벽함)에 있습니다.

어떤 일을 해도 완벽함을 추구하며 정확한 논리와 도덕적인 투명성에 자부심을 가지고 있습니다.

이들에게서는 빠른 결과보다는 비록 시간이 걸렸더라도 완벽하고 정확한 일처리 과정에 귀를 열어 경청하며 "언제나 완벽해, 너의 자료와 치밀한 분석 때문에 회사가 살았다." 등의 칭찬을 해주어야 합니다. 이러한 반응을 하면 이들은 더 많은 수고와 노력을 할 것이며, 향후 인류 사회에 큰 기여를 할 것입니다.

5. 감성(Emotion) 경청

감성경청을 할 때는 상대방의 자아실현이나 자기주장, 자기긍정, 독립성과 같은 자기 내적인 상황에 대해서 그가 얼마나 분명하고 두드러진 삶을 완성해 나가고 있는가를 경청해야 합니다. 그가 고집이 세더라도 고집이 세다고 말만 할 것이 아니라, 그가 스스로의 삶에 대해 확고한 소신을 가지고 날마다 실천해 가는 삶을 경청해야 하는 것입니다. 외적으로는 폭넓은 인간관계와 따뜻한 배려, 그리고 행복한 감성으로 주변 사람들의 삶을 행복하게 해주는 것을 경청해야 합니다.

우리는 다른 사람들의 감성을 경청할 때 항상 이 두 가지를 들어야 합니다. 그가 얼마나 자신의 삶에서 최선을 다하는가. 둘째, 얼마나 타인의 삶을 행복하게 해주는가.

자기 내적인 긍정능력을 강화하기 위해 작은 실습 하나 해볼까요.

1. 자신의 강점 기록하기

자, 지금부터 자신이 생각하는 자기의 장점을 단어로 기록해 봅

시다.(문장으로 하지 말고 단어로, 1분 내에)

⋯▸

자, 몇 개나 기록하셨나요? 열 개 미만이라고요? 과연 자신의

장점이 그것밖에 없을까요?

다음의 세 가지 영역을 고려하여 자신의 장점을 다시 기록해 보

세요. 첫째, 자신의 다양한 행동들의 장점을 살펴봅시다.(행동영역

(Doing)) 둘째로는, 자신이 가지고 있는 수많은 소유물에 대하여

생각해 봅시다.(소유영역(Having)) 셋째로, 내 존재를 구성하고 있는

세부 존재에 이르기까지(예, 뛰고 있는 심장, 생각하는 두뇌…… 등) 기록

해 봅시다.(존재영역(Being)) 이와 같이 세 영역에서 자신의 장점을

찾아 다시 한 번 기록해 봅시다.(2분 이내)

···▶

이렇게 자신의 장점에 대해서 스스로 경청해 본다면 자신의 감성능력이 확장되며 동시에 타인의 장점에 대해서도 경청하는 능력이 커질 것입니다.

2. 행복 만들기를 위한 감사 경청

자신의 지금 삶에 대해 감사한 것을 찾아서 기록해 봅시다.(30개 이상)

···▶

이와 같은 감사의 발견은 자신과 타인의 삶에서 더욱 풍성한 행

복을 경청하게 해줄 것입니다.

6. 사실(Fact) 경청

우뇌 중심의 사람들은 인간의 감정은 잘 경청하지만 사실을 듣는 것에는 취약합니다. 자, 어떤 사람이 주먹을 쥐고 팔을 흔들고 있습니다. 여러분은 무슨 생각을 할까요? 잘난 척한다, 협박한다, 화났다, 누구를 때리려고 한다, 경고한다 등으로 해석할 수 있겠지요. 그렇게 판단하는 것을 판단경청이라 합니다. 하지만 그 상황에 대해 사실만 말해본다면 어떨까요? 그냥 주먹을 쥐고 팔을 흔들고 있는 것뿐입니다. 이것이 사실(Fact)입니다.

사실에는 주관적인 판단과 사적인 감정의 개입이 없습니다. 냉철함은 이러한 경청에서부터 비롯되는 것이지요. 예를 들어 어떤 분이 지방에 출장을 갔습니다. 호텔을 잡고 잠을 자려다 보니 휴대폰 충전기가 없었습니다. 그래서 프런트에 가서 충전을 부탁하고 다음날 아침 휴대폰을 찾아 전원을 켰습니다. 거기에는 부인으로부터 문자가 와 있었습니다. 이렇게 씌여 있었습니다. "휴대폰도 꺼놓고……." 자, 부인이 보낸 문자는 사실을 기록한 것일까요, 아니면 판단을 기록한 것일까요? 정답은 '판단'

입니다. 부인이 알 수 있는 사실은 전원이 꺼져 있었다는 사실 뿐입니다. 물론 판단은 자의대로 할 수 있겠지만 그 판단이 틀릴 수도 있습니다. 그래서 문자를 보낸다면 "여보, 전원이 꺼져 있네요. 무슨 일이 있나요? 문자 보면 연락주세요." 이것이 사실 경청법입니다. 사실을 경청하지 않고 판단하는 것에서부터 근심과 걱정, 오류 등이 발생합니다.

회사에서 아침회의 시간에 사장님이 내 얼굴을 한 번도 쳐다보지 않았습니다. 회의를 마치고 자기 자리로 돌아오는 그 순간부터 종일 무슨 생각이 들까요? '왜 나를 쳐다보지 않았을까?', '나를 미워하는 것일까?', '나를 자르려고 하나?' 종일 일이 손에 잡히지 않습니다. 마침 저녁에 회식이 있었는데 우연히 사장님 앞자리에 앉게 되었습니다. 분위기가 좋아지자 용기를 내어 물었습니다. "사장님, 아침 회의시간에 왜 저를 보지 않으셨습니까?"라고요. 그러자 사장은 "자네, 아침 시간에 있었나?" 하고 대답하는 것이었습니다. 사장은 내가 있는지조차 몰랐던 것입니다. 안도의 힌숨을 내쉬었지만 오늘 하루는 불필요한 일에 에너지를 낭비한 꼴이 되었습니다.

들은 것만 들으십시오. 본 것만 보십시오. 그래야 우리들의 마음이 편해질 것입니다.

7. 무의식 반응(Gesture)경청

사람은 자신의 감정 상태에 따라서 자기도 모르게 신체의 특정
부위에 손을 대는 경우가 많습니다. 겸연쩍을 때 뒤통수를 만진

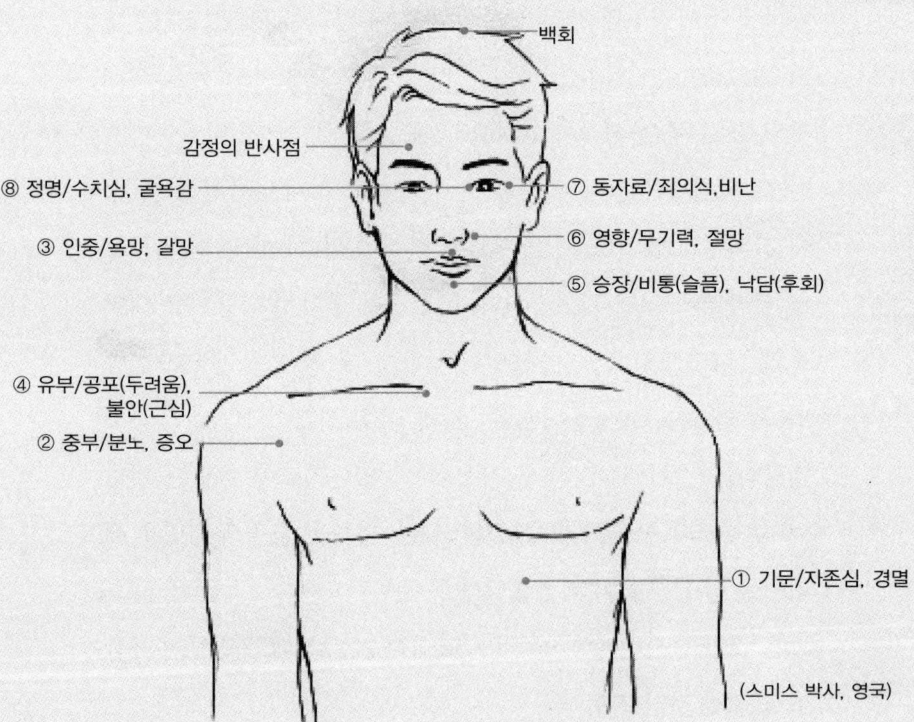

(출처 :《우리 몸은 거짓말하지 않는다》, 이승원 저, 김영사)

다든지, 실수했을 때 머리를 긁는 다든지, 당황했을 때 혀를 내민 것과 같은 행동은 알고 하는 행위가 아니라 자신도 모르게 튀어나오는 무의식적인 행위들입니다. 제스처 경청은 내면의 감정 상태에 따라서 그 감정이 자리 잡고 있는 몸의 특정 부위에 나타나는 증상을 보아 상대방의 심리를 알아내는 경청법입니다.

상대방의 작은 동작 하나, 특히 그가 얼굴로 손이 갈 때 어느 부위를 만지는가를 유심히 살펴 그의 마음을 읽어낸다면 그의 마음 깊은 곳에 숨어 있는 불편한 감정을 해소해 줄 수 있을 것입니다.

1. ③ 코와 입술 사이

흔히 인중이라고 부르는 코와 입술의 사이는 욕망과 집착의 자리입니다. 그래서 코 아래에 손을 대고 마치 손에 무슨 냄새를 맡고 있는 것처럼 제스처를 취하거나 코 아래를 가로 형태로 쭉 쓸면서 숨을 동시에 들이마시는 것 같은 이런 행동은 무엇인가 욕구가 생겼다는 것입니다. '잘 해보고 싶다', '잘할 수 있다', '아, 이것 참 좋다', '나도 이렇게 할 수 있다면'과 같은 마음을 드러내는 흔적들입니다. 동시에 코를 밑에서 위로 튕기듯이 치켜 올리는 행동은 욕망과 자존심이 혼합된 사인입니다. 그래서 잘 해보고 싶고, 잘할 자신이 있다는 욕망의 표현이기 때문에 이런 행동을 보면 자기표현의 기회를 주는 것이 좋습니다.

2. ④ 유부

목과 쇄골 주변을 만지고 있다면 현재 불안하거나 긴장된 상태입니다. 그래서 넥타이를 푸는 행동은 긴장이 완화되었다는 사인이자 문제가 해결되었다는 여유의 신호입니다. 그러나 넥타이를 바짝 조이고, 혹은 헛기침을 하거나 침을 삼키는 행위는 불안과 긴장이 계속되고 있다는 사인입니다.

3. ⑤ 승장

입술 아래 오목하게 들어간 부분은 슬픔, 비통, 후회, 낙담의 감정을 나타냅니다. 그러한 감정들이 드러날 때 자신도 모르게 손을 입술 아래에 대는 것입니다. 바둑기사들을 보면 손으로 얼굴을 만지는 경우가 많은데 특히, 수를 잘못 두었을 경우, 실수와 자책의 표현으로 입술 아래에 손을 댑니다. 타인과 대화를 나눌 때 만약 그가 무의식적으로 입술 아래 손을 대면‘아, 무엇인가를 후회하고 있구나’라며 자책과 혹은 깊은 슬픔을 읽어내야 합니다. 이럴 때는 어떻게 하면 좋을까요? 나머지는 여러분의 상상의 몫입니다.

4. ⑥ 코 옆 오목한 부분

동양의학에선 영향이라고 부르는 경혈점입니다. 어떤 무의식적인 절망, 혹은 무기력의 감정을 표현하는 곳입니다. 그래서 우리들도 어떤 대화를 나누다가 자신도 모르게 코 옆이 간지러워지거나 혹은 짜르르 하는 전기 같은 것이 흐르면 상대방이 잘 모르는 것을 말하거나, 스스로의 절망 상태를 드러내는 자극들입니다. 만약 코 밑을 쓸고 난 뒤에 코 옆을 만지는 동시 행위는 아마도 이런 뜻이 되겠죠? "뭘 하고 싶은데 방법이 없네." 그러나 거꾸로 코 옆을 먼저 만지고 코 밑을 가로로 쓰는 행위는 "방법은 없지만 어떻게든 해보고 싶다"라는 사인으로 읽어야 할 것입니다.

5. ⑦ 눈가

이 지리는 죄의식과 비난이 들어 있는 자리입니다. 자기도 모르게 손이 이곳을 만지거나 혹은 어떤 자극이 일어 났다면 지난날의 뼈아픈 잘못들이 짧은 순간이나마 스쳐 지나갔을 것입니다.

6. ⑧ 눈 안쪽 눈곱 끼는 자리

이 자리는 인간의 의식 중 가장 빛이 어두운 자리로서, 수치심과
굴욕감을 드러내는 곳입니다. 누군가가 대화중에 눈 안쪽 자리
를 자주 만진다면 그는 상당한 굴욕감을 느끼고 있을 것입니다.

8. 의도(Intention) 경청

모든 사람은 긍정의 의도를 가지고 있습니다. 아무리 듣기 거슬
린 말을 할지라도 그 말을 거꾸로 뒤집어 보면 그가 가지고 있
는 긍정의 의도를 발견하게 됩니다. 사람들이 그것을 부정의 방
식으로 표현할지라도 우리는 그 속에서 긍정의 의도를 읽어야
합니다.

예를 들어, 어떤 술 취한 사람이 "우리나라는 다 틀려먹었어! 전
부 바꿔버려야 해!" 이렇게 말을 했을 때, 그 사람의 마음속에
숨어 있는 긍정의 의도는 무엇일까요?

문장을 뒤집어 보면 이렇습니다. "다 틀려먹었어!"의 반대말은
"다, 제대로 되어야만 한다"라는 뜻이 들어 있습니다. 그래서 그
분에게 다가가서 "그렇죠, 선생님! 우리나라는 무엇을 해도 제
대로 해야 합니다. 모든 것이 다 그렇게 바뀌어야 합니다"라고

말해줄 때 우리는 비로소 그의 의도를 제대로 경청한 것이 됩니다. 이를 다른 말로 '공명하는 경청'이라고 합니다. 곧 상대방의 마음속에 깊이 숨어 있던 긍정적인 욕구에 같이 공감해주는 것입니다.

어떤 부하가 상사에게 찾아왔습니다. "팀장님. 저는 회사생활이 어렵고 힘들어서 더 이상 못다니겠습니다"라고 말했을 때 상사는 어떤 말에 중심을 두고 경청해야 할까요? 여기에서 올바른 경청법은 부하직원이 한 말의 핵심어인 '어렵고', '힘들어', '못다니겠다'는 말을 뒤집어 보는 것입니다. '어렵고'의 반대말은 '쉽다'이고, '힘들어'의 반대말은 '편안하다'이고, '못다니겠다'의 반대말은 '잘 다니고 싶다'입니다. 반대되는 세 단어를 합하여 하나의 문장으로 만들어 보십시오. '회사생활을 쉽고 편안하게 잘 다니고 싶다.' 이것이 이 사람의 마음속에 숨어 있는 의도입니다.

자, 이제 여러분이 팀장이라면 이 단어들을 조합해서 실제적으로 어떻게 말해줄까요? 아마 이렇게 되지 않을까요?

"아, 우리 김 대리가 회사생활을 쉽고 편안하게 잘 다니고 싶은데, 일이 많이 힘들었군요. 어떤 부분이 힘들었나요? 제가 어떻게 도와드리면 좋겠어요?"라고 말하는 상사는 부하직원의 눈물 어린 충정을 얻어낼 것입니다.

그러나 상대의 긍정적인 의도를 듣지 못하면 이렇게 말을 하게 됩니다. "어디로 가려고?", 심지어는 "잘 됐네, 어차피 연말에 구조조정 해야 될 판인데." 이렇게 경청이 안 되어 회사를 떠나는 김 대리는 훗날 이 회사의 가장 큰 적이 될지도 모릅니다.

자, 그러면 의도경청을 가정에 한번 적용시켜 보죠. 초등학교 3학년짜리 아이가 엄마, 아빠가 있는 자리에서 이런 말을 합니다. "엄마, 나 학교 다니기 싫어. 애들이 막 놀려." 이 아이의 긍정적인 의도는 어디에 있을까요? 아이의 말을 한번 뒤집어 보죠. '학교 다니기 싫어'는 '학교 잘 다니고 싶어'의 의도입니다. 그리고 '애들이 막 놀려'는 '아이들의 관심을 받고 싶고 친하게 지내고 싶다'는 말입니다. 이 두 문장을 조합해 말을 만들어 보시지요. "아 , 우리 아들이 친구들하고 잘 어울리면서 학교생활을 잘하고 싶은데 친구들하고 힘들었구나." 이 말을 들은 아이는 자기 마음을 알아주는 엄마가 세상에서 가장 소중한 친구로 생각될 것입니다. 그러나 옆에 앉아 있던 경청이 안 되는 아빠는 "야, 인마, 학교 그만 둬라. 너 같은 놈이 장차 자라서 뭐가 되려고 그러냐. 이 아빠는 옛날에 한꺼번에 네 놈도 때려 눕혔다. 넌 그렇게 약해서 이 험한 세상을 어떻게 살아갈래?" 이렇게 말한다면 아이의 뜻을 전혀 알지 못해 부자 사이에 벽을 만들고 말 것입니다. 이것이 경청을 하는 사람과 못 하는 사람의 차이입니다.

모든 사람은 자신의 말을 합니다. 식사시간에 옆에 있던 부하가 "부장님 식사 한 그릇 더 하시겠습니까?"라고 물었을 때 어떻게 대답해야 할까요? '밥 한 그릇 더 하시겠냐'는 부하의 의도는 어디에 있을까요? 물론 자신이 더 먹고 싶다는 이야기입니다. 어떻게 대답해야 할까요? "어! 그래 우리 한 그릇 더 할까?" 이것이 정답입니다. 혹시 "아! 난 됐네. 다이어트 중이야." 이렇게 말하지는 않았습니까?

자, 누군가가 당신에게 커피 한 잔 하지 않겠냐고 물었습니다. 이젠 아시겠죠? 대답을 한번 해보세요. 누군가가 당신에게 조금 피곤하지 않냐고 물었습니다. 어떻게 대답을 해야 할까요?

이와 같이 상대방의 긍정적인 의도를 듣는 경청 훈련은 말하는 본인조차 표현하지 못했던 숨어 있는 긍정의 의도를 찾아주어 그와 공명하는 위대한 경청자가 되게 할 것입니다.

의식의 8단계

⑧ 기여의 단계
⑦ 문제 해결의 단계
⑥ 존중의 단계
⑤ 성공의식의 단계
④ 관계의 단계
③ 자기 발견의 단계
② 관계의 단계
① 생존의 단계
너를 위해
나를 위해

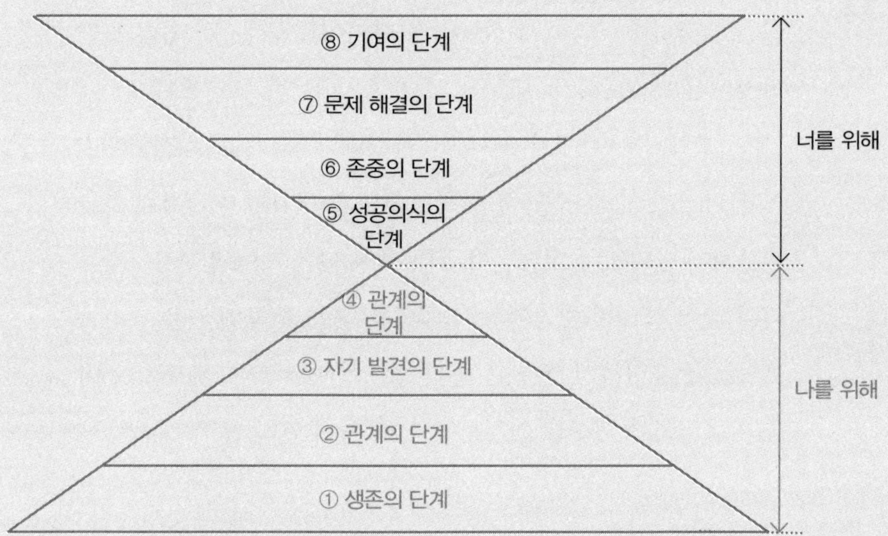